プリント形式のリアル過去問で本番の臨場感！

岡山県 県立

津山中学校

解答集

2025年春 受験用

本書は，実物をなるべくそのままに，プリント形式で年度ごとに収録しています。
問題用紙を教科別に分けて使うことができるので，本番さながらの演習ができます。

■ 収録内容

・解答集（この冊子です）

　　書籍ID番号，この問題集の使い方，最新年度実物データ，リアル過去問の活用，
　　解答例と解説，ご使用にあたってのお願い・ご注意，お問い合わせ

・2024（令和6）年度 ～ 2020（令和2）年度　学力検査問題

JN131740

○は収録あり	年度	'24	'23	'22	'21	'20
■ 問題（適性検査）		○	○	○	○	○
■ 解答用紙（書き込み式）		○	○	○	○	○
■ 配点						

全分野に解説
があります

☆問題文等の非掲載はありません

K 教英出版

■ 書籍ＩＤ番号

入試に役立つダウンロード付録や学校情報などを随時更新して掲載しています。

教英出版ウェブサイトの「ご購入者様のページ」画面で，書籍ＩＤ番号を入力してご利用ください。

書籍ＩＤ番号　**104231**　

（有効期限：2025年9月30日まで）

【入試に役立つダウンロード付録】

「要点のまとめ(国語／算数)」

「課題作文演習」ほか

■ この問題集の使い方

年度ごとにプリント形式で収録しています。針を外して教科ごとに分けて使用します。①片側，②中央のどちらかでとじてありますので，下図を参考に，問題用紙と解答用紙に分けて準備をしましょう（解答用紙がない場合もあります）。

針を外すときは，けがをしないように十分注意してください。また，針を外すと紛失しやすくなりますので気をつけましょう。

① 片側でとじてあるもの

針を外す　⚠ けがに注意
解答用紙
問題用紙　　教科の番号
教科ごとに分ける。　⚠ 紛失注意

② 中央でとじてあるもの

針を外す　⚠ けがに注意
問題用紙　　教科の番号　　解答用紙
教科ごとに分ける。　⚠ 紛失注意

※教科数が上図と異なる場合があります。

　解答用紙がない場合や，問題と一体になっている場合があります。

　教科の番号は，教科ごとに分けるときの参考にしてください。

■ 最新年度 実物データ

実物をなるべくそのままに編集していますが，収録の都合上，実際の試験問題とは異なる場合があります。実物のサイズ，様式は右表で確認してください。

問題用紙	Ａ３片面プリント（書込み式）
解答用紙	

リアル過去問の活用

〜リアル過去問なら入試本番で力を発揮することができる〜

❀ 本番を体験しよう！

問題用紙の形式（縦向き／横向き），問題の配置や余白など，実物に近い紙面構成なので本番の臨場感が味わえます。まずはパラパラとめくって眺めてみてください。「これが志望校の入試問題なんだ！」と思えば入試に向けて気持ちが高まることでしょう。

❀ 入試を知ろう！

同じ教科の過去数年分の問題紙面を並べて，見比べてみましょう。

① 問題の量

毎年同じ大問数か，年によって違うのか，また全体の問題量はどのくらいか知っておきましょう。どのくらいのスピードで解けば時間内に終わるのか，大問ひとつにかけられる時間を計算してみましょう。

② 出題分野

よく出題されている分野とそうでない分野を見つけましょう。同じような問題が過去にも出題されていることに気がつくはずです。

③ 出題順序

得意な分野が毎年同じ大問番号で出題されていると分かれば，本番で取りこぼさないように先回りして解答することができるでしょう。

④ 解答方法

記述式か選択式か（マークシートか），見ておきましょう。記述式なら，単位まで書く必要があるかどうか，文字数はどのくらいかなど，細かいところまでチェックしておきましょう。計算過程を書く必要があるかどうかも重要です。

⑤ 問題の難易度

必ず正解したい基本問題，条件や指示の読み間違いといったケアレスミスに気をつけたい問題，後回しにしたほうがいい問題などをチェックしておきましょう。

❀ 問題を解こう！

志望校の入試傾向をつかんだら，問題を何度も解いていきましょう。ほかにも問題文の独特な言いまわしや，その学校独自の答え方を発見できることもあるでしょう。オリンピックや環境問題など，話題になった出来事を毎年出題する学校だと分かれば，日頃のニュースの見かたも変わってきます。

こうして志望校の入試傾向を知り対策を立てることこそが，過去問を解く最大の理由なのです。

❀ 実力を知ろう！

過去問を解くにあたって，得点はそれほど重要ではありません。大切なのは，志望校の過去問演習を通して，苦手な教科，苦手な分野を知ることです。苦手な教科，分野が分かったら，教科書や参考書に戻って重点的に学習する時間をつくりましょう。今の自分の実力を知れば，入試本番までの勉強の道すじが見えてきます。

❀ 試験に慣れよう！

入試では時間配分も重要です。本番で時間が足りなくなってあわてないように，リアル過去問で実戦演習をして，時間配分や出題パターンに慣れておきましょう。教科ごとに気持ちを切り替える練習もしておきましょう。

❀ 心を整えよう！

入試は誰でも緊張するものです。入試前日になったら，演習をやり尽くしたリアル過去問の表紙を眺めてみましょう。問題の内容を見る必要はもうありません。どんな形式だったかな？受験番号や氏名はどこに書くのかな？…ほんの少し見ておくだけでも，志望校の入試に向けて心の準備が整うことでしょう。

そして入試本番では，見慣れた問題紙面が緊張した心を落ち着かせてくれるはずです。

※まれに入試形式を変更する学校もありますが，条件はほかの受験生も同じです。心を整えてあせらずに問題に取りかかりましょう。

《解答例》

課題1 (1)スイッチの数…3

組み合わせ…㋣, ㋑, ㋗〔別解〕㋐, ㋑, ㋗

(2)$\frac{3}{4}$／右表などから1つ

点灯時間帯／電球の種類	17~18時	18~19時	19~20時	20~21時	21~22時	22~23時	合計点灯時間
電球A	○		○		○		3時間
電球B	○	○	○	○	○	○	6時間
電球C	○		○		○		3時間

点灯時間帯／電球の種類	17~18時	18~19時	19~20時	20~21時	21~22時	22~23時	合計点灯時間
電球A	○		○		○	○	5時間
電球B			○		○		2時間
電球C	○		○		○	○	5時間

課題2 (1)ものは温度が高くなると体積が大きくなり，温度が低

くなると体積が小さくなる。　　(2)雨がしみ込むときに

小さいつぶは水と一緒に流され，大きいつぶが残される

(3)C／でんぷんがないことを調べる。　　F／でんぷんがないことを調べる。

課題3 (1)90　※(2)図3…右図　記号…ウ

(3)[①④⑤／料金／重さ／重さが2倍，4倍となると，それにともなってもう一方の料金
も2倍，4倍となっているから。][①④⑤／料金／重さ／重さをx(kg)，料金をy(円)と
すると，yの値をxの値で割った商は決まった数の80になっているから。]

[①③⑥／料金／きょり／きょりが2倍，8倍となると，それにともなってもう一方の料
金も2倍，8倍となっているから。][①③⑥／料金／きょり／きょりをx(km)，料金をy(円)とすると，yの値
をxの値で割った商は決まった数の80になっているから。]のうち1つ

※の説明は解説を参照してください。

《解 説》

課題1

(1) ㋣と㋑と㋗を導線に変えたとき，Aを点灯させるときは㋐を，Bを点灯させるときは㋑を，Cを点灯させると
きは㋗を入れればよい。なお，㋣の代わりに㋐を導線に変えたときは，Aを点灯させるのに㋣を入れればよい。

(2) 表3より，電球Aを1時間点灯させると2.7円，電球Bを1時間点灯させると3.6円かかるので，電球Aは電
球Bの2.7÷3.6＝$\frac{3}{4}$(倍)の電気代がかかる。また，各電球を1時間点灯させたときに必要な電気代の比は，
(電球A)：(電球B)：(電球C)＝2.7：3.6：4.5＝3：4：5なので，電球A，B，Cを1時間点灯させた電気代
をそれぞれ3，4，5とすると，全体でかかる電気代が(3＋4＋5)×4＝48になればよい。

(電球A，電球B，電球C)＝(4時間，4時間，4時間)から，合計が変わらないように時間を調整する。

4×2＝8で，3＋5＝8だから，電球B2時間分の電気代と，電球Aと電球C1時間ずつの合計の電気代が等し
い。したがって，(電球A，電球B，電球C)＝(3時間，6時間，3時間)，(5時間，2時間，5時間)が考え
られる。これをもとに作った表が，解答例の表である。他にも，(電球A，電球B，電球C)＝
(1時間，5時間，5時間)，(6時間，5時間，2時間)，(2時間，3時間，6時間)が考えられる。

課題2

(1) 夏の暑いときに金属の体積が大きくなって，変形してしまうのを防ぐためにすき間が空けられている。金属で
できている電車のレールにも同じようにすき間が空けられている。

(3) Cを調べることで，日光を当てる前にでんぷんがなかったことが確かめられる。Eにでんぷんがあり，Fにでんぷんがないとわかることで，日光を当てたことによってでんぷんが作られたと確かめられる。

課題3

(1) 100円のパンが65個売れた時点での利益は，(100−80)×65＝1300(円)である。あと1650−1300＝350(円)の利益が出るようにしたいから，1個あたり350÷(100−65)＝10(円)の利益が出るように値段を設定すればよい。よって，80＋10＝90(円)

(2) 図2で，㋐は台形で，面積は，(2＋4)×4÷2＝12(㎡)である。㋑は，右図のように，三角形と平行四辺形を合わせた形になるから，面積は2×4÷2＋2×4＝12(㎡)となり，㋐と㋑の面積は等しい。

(3) 重さ，きょりのうち，一つは変わらず，もう一方だけを変えているレシートを比べる。

《解答例》

課題1 (1)飛んで火にいる夏の虫／泣き虫／腹の虫 などから1つ　虫がいい／虫の知らせ／虫の居所が悪い などから1つ

(2)考えすぎてしまういまの若い人　(3)B．まずは仕事をやってみて、続けてみること　C．始めから自分の中にあって、それが何か理解した上で生かすもの　D．仕事や出会いによって変化し、あわてて探し求めなくても自然とにじみ出る

課題2 (Aの例文)私はだれにでも友達と話すような話し方をしてしまうからです。例えば、授業で校長先生にインタビューしたとき、「校長先生、何が好きなん。」と言ったことがありました。担任の先生に「好きですか、でしょ。」と注意されたので、「校長先生は何が好きですか。」と言い直しました。これからは、目上の人と話をするときや授業中の発言では、「です」や「ます」をつけるなど、相手の立場や状きょうを考えた言葉を使うようにします。

課題3 (1)南に向かって約 300m進むと神社があるので，その交差点を西に曲がって約 100m進むと目的地の図書館に着く。　(2)資料１から読み取ったこと…森林におおわれている割合が大きいほど生息している絶めつ危ぐ魚種の数が多いことが分かる。　資料２から読み取ったこと…森林の多い山は森林の少ない山にくらべて，川や海の生き物が必要とする栄養が多く流れ出して，多くの種類の魚がいることが分かる。　森林が漁業にあたえるえいきょう…森林の働きによって，多くの種類の魚が生息することができるようになり，漁かく量の増加にえいきょうをあたえている。　(3)林業で働く人の減少と高れい化の課題を解決するために，森林かん境税を林業に必要な機械を買うための補助金として使うことによって，少ない人数や高れい者でも森林の手入れがしやすくなる。

《解　説》

課題1

(2)　動けなくなっているムカデの姿が，何をたとえたものかを読み取る。【しょうかいしたい本の一部】に「ムカデは～考えこんでしまいました。そして考えすぎてわからなくなって，動けなくなってしまいました。若い人を見ていると，同じようなことを感じることがあります～考えすぎてしまうのです」とある。

(3)B　【しょうかいしたい本の一部】に「仕事というのは，やってみなければわからないところがあります。1年，2年と続けていくうちに，この仕事は好きかもしれないな，これが天職かもしれないと思い始めることはよくあります」とある。筆者は，自分らしい仕事かどうかわからなくても，まずはやってみてしばらくつづけることで自分らしい仕事だと感じることがよくあるということを言っている。　　　C　【しょうかいしたい本の一部】に「いまの世の中には『自分らしく生きなければならない』『自分の個性を発揮できるような仕事を選ばなければならない』といった妙な圧力があるように思います」とある。これは，個性というものが最初から自分の中にあって，それを理解した上で，それに合った仕事を選ばなければならないという考え方である。　　　D　【しょうかいしたい本の一部】に「ある時点の自分らしさに基づいて仕事を決めようとしても，仕事に磨かれたり，いろいろな人と出会うことで自分らしさは変化していきます。私が皆さんにお伝えしたいことは，自分らしさということを焦って探し求めなくてもいいということです。たとえ人と同じことをやっていても自然とにじみ出てくるもの，それが個性で

あり，自分らしさです」とある。つまり，筆者が考える「個性」とは，<u>仕事や人との出会いで変化するものであり，</u><u>あわてて探すようなものではなく，自然とにじみ出てくるものである。</u>

課題3

(1) 解答例の経路を右図の中に線で示した。解答例以外に，「西に向かって約200m進むと神社があるので，その交差点を南に曲がって約300m進むと郵便局が見える。その交差点を東に曲がって約100m進むと目的地の図書館に着く。」でもよい。

(2) **資料1から読み取ったこと**…流域の森林については「おおわれている割合」であること，絶めつ危ぐ魚種については「数」であることに注意する。当然，「森林におおわれている割合が小さいほど生息している絶めつ危ぐ魚種の数が少ないことが分かる」でもよい。**資料2から読み取ったこと**…森林の多い山から多くの栄養が流れ出ていること，その結果，河口や海に多くの種類の魚がいることを読み取る。**森林が漁業にあたえるえいきょう**…森林の働きによって，栄養分が海に流れ出て，多くの種類の魚が住むようになったり，魚や貝にとってよい環境がつくられたりするため，「森は海の恋人」であるとして，海で養殖業を営む人が山に植林をすることもある。

(3) 資料4から，林業で働く人の数が減少していること，林業で働く人の高齢化が進んでいることの2点を読み取る。森林環境税の実際の活用例には「林業研修制度による担い手の確保」などがある。「林業研修制度による担い手の確保」は林業で働く人の数の減少や高齢化を抑えることが期待できる。

《解答例》

課題1 (1)28.8　(2)最も勢いよく燃える組み合わせ…②，ア　説明…あたためられた空気は上へ動くので，下から上への空気の出入りが多く，木に新しい空気がふれやすくなっているから。　※(3)79800

課題2 (1)ク　(2)記号…ア　説明…ふりこが1往復する時間は，ふりこの長さによって変わる。ふりこの長さは糸をつるす点からおもりの中心までの長さなので，ふりこAのふりこの長さが85cm，ふりこBが90cmとなり，ふりこAの方がふりこの長さが短いから。　(3)変化した重さが増えているのは，空気中の水じょう気が氷水によって冷やされてビーカーの表面に水てきとしてつくことが大きく関わり，変化した重さが減っているのは，水がじょう発し空気中に水じょう気として出ていくことが大きく関わっているから。

課題3 (1)4，5，6のうち1つ

(2)右図などから1つ

※(3)記号…イ，エ

12月に図書館を利用した人数…81

※の説明は解説を参照してください。

《解説》

課題1

(1) 令和3年度のリサイクル率は30%，目標は33%であったから，目標に33－30＝3(%)だけ届かなかったことになる。1人あたりの1日のごみの量は960gだったから，1人あたり1日あと960×0.03＝28.8(g)のごみをリサイクルすればよかった。

(2) ものが燃えるには新しい空気(酸素)が必要である。ものを燃やしたあとの空気は酸素が不足するため，ものを燃やし続けることができない。ものを燃やした後の空気と新しい空気が効率よく入れかわるようにすると，ものは勢いよく燃える。ものを燃やした後のあたたかい空気は軽くなって上に移動するので，下から新しい空気が入ってくるようにすることで空気の流れができ，木が勢いよく燃える。また，間をあけて木を入れることで，木に新しい空気がふれる面積が広くなる。

(3) 図3で積まれたベールを手前から3つの段に分けると右図のようになり，ベールは全部で2＋5＋7＝14(個)積まれているとわかる。

また，1つのベールにおし固められているペットボトルを，持ち込まれた2Lと500mLのペットボトルの割合と同じと考えると，2Lのペットボトル1本につき500mLのペットボトルが5本あるから，これを1セットとしたときの重さは50＋30×5＝200(g)である。

ベール1つの重さが190kg＝(190×1000)g＝190000gだから，1つのベールには190000÷200＝950(セット)の空のペットボトルがふくまれる。よって，1つのベールには空のペットボトルは(1＋5)×950＝5700(本)入っているので，求める本数は5700×14＝79800(本)である。

課題2

(1) 図2のア～クのボールはすべて左半分が光っている。よって、アは光っている部分が全く見えない新月、オは光っている部分がすべて見える満月の位置である。さらに、ウは左半分が光って見える半月(下弦の月)、キは右半分が光って見える半月(上弦の月)の位置である。月は、新月→上弦の月→満月→下弦の月→次の新月…という順に約30日の周期で満ち欠けする。図1の月は、右側が上弦の月よりも細く光って見えるから、新月から上弦の月になる間のクの位置にある月である。

(2) ふりこが1往復する時間はふりこの長さによって決まっていて、ふりこの長さが短いほどふりこの周期も短くなる。図3において、ふりこの長さは糸の長さではなく、糸をつるす点からおもりの重さがかかる点(重心)までの長さである。重心は球形のボールの中心にあるので、Aでは糸の長さ80cmとボールの半径5cmの和である85cm、Bでは糸の長さ80cmとボールの半径10cmの和である90cmがふりこの長さである。

(3) はじめは氷水が冷たく、空気中の水じょう気が冷やされて水てきに変化することで重さが増えていくが、時間が経過して氷がとけ、水の温度が高くなっていくと、水じょう気が水てきに変化しなくなり、水てきが水じょう気に変化して空気中に出ていくことで重さが減っていく。

課題3

(1) 一の位を四捨五入して20になる整数は、15から24までの整数であり、これらから4を引いた整数は15－4＝11から24－4＝20までの整数である。11から20までの整数のうち、3の倍数は12、15、18だから、元の数は12÷3＝4、15÷3＝5、18÷3＝6より、4、5、6のうちから1つを答えればよい。

(2) 44以上の整数から1つ選んで、積がその数になる3つの整数の組み合わせを探す。3つの整数は直方体の縦、横、高さになるが、ふたがないので、縦と横の長さを3つの数のうち大きい2数にすると、使う木材の面積を減らすことができる。

例えば44を選ぶと、44＝2×2×11だから、どこかに11cmの辺を作らなければならないので、このような直方体は作れない。このことから、3つの数の差をなるべく小さくした方がうまく切り分けられそうだとわかる。

45を選ぶと、45＝3×3×5であり、解答例のように容積が45cm³になる切り分け方が見つかる。

他にも、48＝2×4×6や、50＝2×5×5などから、切り分ける方法を見つけられる。

(3) 4月をもとにしたときの5月の人数の割合は60÷80＝0.75だから、アは正しい。

5月をもとにしたときの6月の人数の割合は60÷60＝1だから、イは正しくない。

6月をもとにしたときの7月の人数の割合は150÷60＝2.5だから、ウは正しい。

7月をもとにしたときの8月の人数の割合は120÷150＝0.8だから、エは正しくない。

以上より、まちがっている点はイとエである。

次に、8月をもとにした12月の人数の割合は、0.4×1.25×0.9×1.5＝0.675だから、12月に図書館を利用した人数は120×0.675＝81(人)である。

《解答例》

課題1 (1)新体操／少人数／大自然／不完全 などから2つ　　(2)人は背伸びしようとしないから。　　(3)A．知っている言葉でもさらに深く調べたりする　B．主人公に自分のどこかが重なり、ほかの人が考えること　C．言葉を味方にして、その時々の状況にふさわしい答えを探しながら進んでいく

課題2 (例文)算数で習った割合が役に立ちました。文ぼう具を買いに行ったときに、値札に二〇％引きと書かれていたので、もとの値段に〇．八をかけて、割引後の値段を計算することができました。買い物の時に、レジに行く前にいくらになるのか計算できるのは大事なことだと思います。また、金魚に塩水浴をさせるときも、どのくらいの塩分のう度にするのかを調べ、何リットルの水に対して、何グラムの塩が必要か計算することができました。

課題3 (1)船はトラックと比べて輸送したきょりが長いためと考えられる。　　(2)トラックは二酸化炭素のはい出量が船や鉄道よりも多く、比かく的二酸化炭素のはい出量が少ないハイブリッド車が増えていることから、今後も続けてハイブリッド車を増やしていくことが考えられる。　　(3)午前便の荷物を配達したトラックはバス停Eで待つ。午後便の荷物は、別のトラックで配送センターからバス停Aに運んだ後、午後1：20発のバスでバス停Aからバス停Eに運び、待っているトラックにのせかえる。その後、トラックでE地区の家と配送センターまでの道中にある家に配達を行い、配送センターまでもどる。

《解説》

課題1

(2)　「自分にとって快適で慣れた環境（かんきょう）」である「コンフォート・ゾーン」では、「成長もない」。その理由について、次の段落で「人が成長するためには、少しだけ背伸び（せの）が必要です」と述べている。

(3)A　——線部イの直前に「はじめての表現の手触りを確かめたり、あたりまえの言葉の底をのぞいたりしなければ」とあるから、下線部のようにすれば、「隠（かく）された宝物（たからもの）」に出会えるのである。この部分の前半の「はじめての表現の手触りを確かめたり」を、　A　の直前で、「今まで使ったことのない言葉を使ってみたりする」と言いかえているので、後半の「あたりまえの言葉の底をのぞいたり」の部分を、具体的な言葉でまとめる。

B　——線部ウ「文学は実学である」と言えることについて、直後で文学作品の具体例をあげ、「そのような主人公に自分のどこかが重なります。ほかの人はこう考えるのかと目を開かされます。文学を読むと、現実では遭遇（そうぐう）できないことを深く体験できるのです」と述べている。　　C　「先の見えない世界を乗り越えて」いくには、どうすればよいと本文で述べられているか。最後の2段落で「変化し続ける先の見えない世界。正解が一つではない場所で、自分を知り、その時々の状況（じょうきょう）にふさわしい答えを探しながら進んでいきます。そこで味方になるのは〜七変化する言葉です」と述べているので、この部分をまとめる。

課題3

(1)　輸送トン数に比べて輸送トンキロでは、トラックの割合は減少し、船の割合は増加しているので、輸送トンキロを求める計算式のかける数(輸送したきょり)は、トラックが小さく、船が大きいと考えられる。船は重く、大きいものを長きょり輸送するのに適しており、海外から輸入した石油や石炭などの資源の輸送には船が使われる。

(2) 資料3から，トラックでの輸送は，鉄道や船に比べて二酸化炭素のはい出量が多いこと，資料4から，トラックのハイブリッド車の台数が平成30年以降，急激に増えていることが読み取れる。二酸化炭素は地球温暖化の原因となる温室効果ガスの一つであり，ハイブリッド車は，軽油で動くエンジンと電力で動くモーターを組み合わせて走行することから，ガソリン車に比べて二酸化炭素のはい出を抑えることができる。他の工夫として，トラック輸送から，二酸化炭素のはい出量が少ない鉄道や船での輸送に切り替えていくこと（モーダルシフト）も考えられる。

(3) 現在の配達方法では，トラックが「配送センター→バス停A→バス停E→E地区→バス停E→バス停A→配送センター」の道順を午前と午後で1回ずつ，計2回くり返すことになる。バス停A→バス停Eは路線バスを活用することができるので，午前便の配達後，配達センターに届いた午後便の荷物を取りに，わざわざ配送センターにもどっていたのをやめることができる。午前にE地区を回ったあと，バス停Eに待機しておき，別のトラックがバス停Aまで午後便の荷物を運び，路線バスに荷物をのせかえればよい。路線バスの時刻表は，バス停Aを午後1：20に出発し，バス停Eに午後1：50に着くので，午後の配達にも間に合う。このように乗客と荷物の輸送を一緒に行う取り組みを貨客混載という。

《解答例》

課題1　(1)$\frac{1}{10}$　　(2)太郎のカード…0，4，8　　花子のカード…1，3，7　　進のカード…2，5，6

※(3)A→C〔別解〕D→B

課題2　(1)360　※(2)44.13　(3)右図　※(4)24

課題3　(1)ベンチ…B　説明…このあと太陽は西に動くから，かげは太陽の反対の東にできる。だから，木のかげの西にあるベンチBはかげに入らない。　　(2)予想…小さいいすの方が長いきょりを走らせることができる。

予想を確かめる2台の部品…右表　　(3)特ちょう…コーンスープは時間の経過とともに，上部と下部の温度差が大きくなる。　　説明…コーンスープの温められた部分は上に動きにくく，全体が温まりにくいから。

	車体	タイヤ	いす
1台目	ア	ウ	オ
2台目	ア	ウ	カ

※の説明は解説を参照してください。

《解説》

課題1

(1)　はじめにあったピザの大きさを⑩とする。太郎さんが切り取ったピザの大きさは⑩×$\frac{1}{5}$＝②，花子さんが切り取ったピザの大きさは②÷2＝①，進さんが切り取ったピザの大きさは②×3＝⑥だから，残っているピザの大きさは，⑩－②－①－⑥＝①である。よって，残っているピザの大きさは，はじめにあったピザの大きさの$\frac{①}{⑩}＝\frac{1}{10}$(倍)になっている。

(2)　太郎さんの3つの数字はすべて偶数で，3つの数字の積が0になるから，3つの偶数のうち，1つは必ず0がふくまれる。花子さんは3つの数字の積が21の倍数で，21＝3×7だから，3つの数字には必ず3の倍数である3か6と，7の倍数である7がふくまれる。また，3つの数字の和が奇数になるから，3と7がふくまれれば残り1つは奇数で，6と7がふくまれれば残り1つは偶数である。進さんは3つの数字の積の一の位の数字が0になり，10＝2×5だから，3つの数字には必ず2の倍数(偶数)と5の倍数である5がふくまれる。また，3つの数字の積が3で割り切れる，つまり，3つの数字の積が3の倍数になるから，3つの数字には必ず3の倍数である3か6がふくまれる。まとめると右表のようになる。花子さんのカードで場合を分けて考える。

太郎	（0，偶，偶）
花子	（3，7，奇）か（6，7，偶）
進	（5，3，偶）か（5，6，?）

花子さんが（3，7，奇）の場合，奇数はあと1しか残っていないから，花子さんは（1，3，7）となる。太郎さんは（0，偶，偶），進さんは（5，6，?）で，残っているカードは2，4，8だから，2，4，8が「偶」と「?」にどのように割りふられてもよい。解答例はこの場合の組み合わせの1つの例であり，他にも解答が考えられる。

花子さんが（6，7，偶）の場合，太郎さんは（0，偶，偶），進さんは（3，5，偶）で，残っている偶数は2，4，8だから，偶数が足りない。よって，この場合に条件に合う組み合わせはない。

(3)　ケーキの代金の合計は300×3＝900(円)なので，商店で買うものの代金の合計が1500－900＝600(円)以内な

らよい。商店Aは定価だと $100×3+180×2＝660$（円），セールだと $660×(1－0.2)＝528$（円）になる。商店Bは定価だと $120×3+200×2＝760$（円），セールだと $760×(1－0.3)＝532$（円）になる。よって，どちらの商店に行く場合も，タイムセール中に行かなければならない。また，午前10時から11時までの1時間のうち，買い物に使った時間の合計は $15＋5＝20$（分）なので，移動に使った時間は1時間－20分＝40分までである。

商店Aに行く場合，自転車の速さは分速200m＝分速0.2kmだから，商店Aとケーキ屋Cに行くとすると，移動にかかる時間は $(2.0+2.2+3.4)÷0.2＝38$（分）なので条件に合う。商店Aとケーキ屋Dに行くとすると，移動にかかる時間は $(2.0+3.0+3.6)÷0.2＝43$（分）なので条件に合わない。

先に商店Aに行くと，10時＋($2.0÷0.2$)分＋15分＝10時25分に買い物がすむので，タイムセール中に買える。よって，A→Cの順で行けばよい。

商店Bに行く場合，商店Bとケーキ屋Cに行くとすると，移動にかかる時間は $(2.6+2.6+3.4)÷0.2＝43$（分）なので条件に合わない。商店Bとケーキ屋Dに行くとすると，移動にかかる時間は $(2.6+1.6+3.6)÷0.2＝39$（分）なので条件に合う。先に商店Bに行くと，10時＋($2.6÷0.2$)分＋15分＝10時28分に買い物がすむので，タイムスール中に買えない。先にケーキ屋Dに行くと，10時＋($3.6÷0.2$)分＋5分＋($1.6÷0.2$)分＋15分＝10時46分に買い物がすむので，タイムセール中に買える。よって，D→Bの順で行けばよい。

課題2

(1) 水の体積は，お米の体積の $\dfrac{6}{5}$ 倍だから，$300×\dfrac{6}{5}＝360$（mL）

(2) 半円の半径は $6÷2＝3$（m）だから，面積は，$3×3×3.14÷2＝14.13$（㎡）

正方形の1辺の長さは6mだから，面積は，$6×6＝36$（㎡）

色つき部分の三角形は，底辺が6m，高さが2mだから，面積は，$6×2÷2＝6$（㎡）

よって，求める面積は，$14.13＋36－6＝44.13$（㎡）

(3) 正六角形は，右図のように対角線をひくことで，6つの合同な正三角形に分けられる。このことを利用すると，円周上に1つ点をおき，その点から円の半径の長さをコンパスでとり，その長さをうつしていくことで，解答例のように正六角形を作図することができる。

(4) 6.8m＝680cm，2.8m＝280cmである。図2について，図iのように作図すると，A＝680－280＝400（cm）となるから，⑦と④は280cm×400cmの長方形，⑦は400cm×400cmの正方形となる。⑦と④の長方形について，$280＝80＋200$，$400＝200×2＝80×5$であることから，図iiのように敷布団

を7枚敷くことができる。⑦の正方形について，図iiiのように敷布団を10枚敷くことができる。

したがって，敷布団は最大で $7×2＋10＝24$（枚）敷くことができる。

課題3

(1) かげが北向きにできているから，このとき太陽はその反対方向の南にあり，正午ごろだと考えられる。よって，この後，太陽は西の地平線に向かって動くので，かげができる方位は少しずつ東へ動いていく。図1では，左が東，右が西だから，木のかげの西にあるベンチBは，この後，木のかげの中に入ることはない。

(2) 1台目と2台目で，調べたいことの条件のみが異なるように2台の部品を組み合わせればよい。解答例では，いすの大きさのちがいに着目している。組み合わせる車体はアとアでなく，イとイでもよく，タイヤもウとウではなく，エとエでもよい。解答例以外でも，車体をアとイにして，タイヤといすをどちらも同じものにしたり，タイ

ヤをウとエにして，車体といすをどちらも同じものにしたりすることで，車体の形のちがいやタイヤのはばのちがいについても調べることができる。

(3)　水は温められると軽くなって上に移動し，そこに温まっていない水が流れこんでくる。この動きがくりかえされることで，全体が温まっていく。このような熱の伝わり方を対流という。また，冷ますときも同様に，空気に直接ふれる水の上部が冷めると重くなって下に移動し，上部に温かい水が移動してくる。コーンスープはねばりけがあり，対流が起こりにくいため，上部と下部の温度の差が大きくなる。

《解答例》

課題１ (1)発表／発見／発送／開発／出発／告発 などから4つ　(2)部首／部首が「ごんべん」なので、部首さく引の「ごんべん」で調べる。　総画／画数が十六画なので、総画さく引の十六画で調べる。　音訓／読みが「かい」なので、音訓さく引の「かい」で調べる。 から2つ　(3)Ａ．桜が静かに散る光景を、大きな音が聞こえるような世界ととらえている。　Ｂ．いやな病気をうれしいものだととらえている。　(4)あえて常識とことなる考え方をしたり、マイナスをプラスに変えて表現したりすることで、逆境をのりこえる力を生み出し、言葉を通して他者と心を通わせることができる

課題２ 〈作文のポイント〉

・最初に自分の主張、立場を明確に決め、その内容に沿って書いていく。

・わかりやすい表現を心がける。自信のない表現や漢字は使わない。

さらにくわしい作文の書き方・作文例はこちら！→

https://kyoei-syuppan.net/mobile/files/sakupo.html

課題３ (1)新潟市は冬の降水量が多いが、佐賀市は冬の降水量が少なく、雪が少ないことがわかるので、佐賀市で二毛作がさかんに行われているといえる。　(2)お墓…米づくりが始まったことで、米づくりを指導する人があらわれ、そのような人々が強い力をもち、むらを支配するようになったから。　矢じり…米づくりが始まったことで、水田やたくわえている米などをめぐって、争いが起こるようになったから。　(3)(例文)目の不自由な人がいた場合、一人で移動するのがむずかしいので、き険な場所を知らせながらひ難所まで付きそう。

《解　説》

課題１

(3)Ａ　Ａの俳句のあとに、「音もなく桜の花が散る、美しい光景です。しかし又吉さんは、その静寂を『爆音』だととらえました」とある。　Ｂ　Ｂの俳句のあとに「くだものが大好きな子規は、山盛りの苺を用意してもらえるのも病気になったおかげだ、病気は嬉しいものだなあ、と詠みました。ふつう、病気は嫌なものです。でも、子規はあえて、発想を変えました」とある。

(4)　ＡとＢの俳句は、常識とは異なる考え方やとらえかたをしている。これらをふまえ、俳句の力について「あえて常識にそむき、違う考え方を採用してみることで、逆境をのりこえる力が生まれ、自分とは異なる他者への理解も深まります」と述べている。また、「思考に角度をつけ、マイナスをプラスに変えてみましょう」ともある。Ｃの俳句のあとには、この俳句の内容をふまえて、「言葉を通して、他者と心を通わせる経験は、きっとみなさんの財産になります」と述べている。

課題３

(1)　資料１より、小麦の種まきが11月に始まり、小麦の収かくの5月まで、小麦のさいばいが続くことに着目する。資料２の12月・1月の降水量(降雪量)を見ると、新潟市は150㎜以上と多いが、佐賀市は50㎜ほどと少ないことが読み取れるので、雪の積もらない佐賀市で二毛作がさかんに行われていると導きだせる。

(2)　お墓の大きさに違いが生まれたことから、米づくりが広まっていた弥生時代には、支配する者と支配される者

の身分の差がはっきりとしていたと導きだせる。また，重くて丈夫な金属製の矢じりがつくられるようになったことから，弥生時代には武器として人間に使われるようになったと導きだせる。

(3) ひ難行動要支えん者には，足の不自由な人や一人暮らしの高れい者，日本語のわからない外国人なども含まれる。災害発生時，危険を察知したり，状況を判断したり，自力でひ難したりすることが困難な人たちをできる範囲内で助けて，情報の伝達やひ難誘導を行うようにしよう。

津山中学校

2021 令和3年度　**適性検査Ⅰ**

《解答例》

課題1　⑴太郎…12　花子…16　※⑵増えた後の参加者…60　あめ…296, 297, 298, 299 のうち1つ　袋…80

　　　　⑶考えられる太郎の得点…6点，8点，9点，10点

　　　　[選んだ太郎の得点，花子の得点，進の得点，陽子の得点]＝[6，3，8，9]，[6，3，7，9]，

　　　　[6，15，10，9]，[8，3，10，12]，[8，6，10，12]，[8，9，10，12] のうち1つ

課題2　⑴ちょうこく刀でほる方向に左手があること。　⑵36　※⑶21　⑷右図

課題3　⑴右図　⑵食塩水Ａ，Ｂからそれぞれ同じ重さを電子てんびんではかりとり，蒸発皿に入れ

　　　　てアルコールランプで加熱する。出てきた食塩の重さを電子てんびんではかり，重いほうが濃

　　　　い食塩水である。　⑶説明…夏は浸水時間が30分の時，吸水量が18％である。冬に吸水量

　　　　が，夏と同じ18％となるのは60分の時である。したがって60分の浸水時間が良いと考えられ

　　　　る。／60

※の説明は解説を参照してください。

《解　説》

課題1

⑴　太郎さんは $0.8 \div 4 = 0.2$（時間），つまり，$0.2 \times 60 = 12$（分）かかる。

　花子さんは $3.2 \div 12 = \frac{4}{15}$（時間），つまり，$\frac{4}{15} \times 60 = 16$（分）かかる。

⑵　12人増えたことで使用する袋が12枚増えた。この枚数は，全部の袋の枚数の $\frac{3}{4} - \frac{3}{5} = \frac{3}{20}$ にあたるから，全部の袋の枚数は，$12 \div \frac{3}{20} = 80$（枚）である。12人増える前は $80 \times \frac{3}{5} = 48$（枚）の袋を使ったから，増える前の参加者の人数は48人，増えたあとの参加者の人数は $48 + 12 = 60$（人）である。

増える前の48枚の袋に6個ずつ入れてもあめは余ったから，あめの個数は，$6 \times 48 = 288$（個）より多い。

増えたあとの60枚の袋のうち59枚にあめが5個ずつ，最後の1枚にあめが1～4個入っているので，あめの個数は，$5 \times 59 + 1 = 295 + 1 = 296$（個）以上，$295 + 4 = 299$（個）以下である。

以上より，あめの個数は，296個，297個，298個，299個のいずれかである。

⑶　4つの的の合計得点は，$1 + 2 + 3 + 5 = 11$（点）であり，太郎さんはこのうち1つにだけ当てなかったから，考えられる太郎さんの得点は，$11 - 5 = 6$（点），$11 - 3 = 8$（点），$11 - 2 = 9$（点），$11 - 1 = 10$（点）である。

「全員の得点はちがう」「進さんは2位」という条件を考えずに，花子さん，進さん，陽子さんの考えられる得点を調べると，次のようになる。

花子さんは，$1 \times 3 = 3$（点），$2 \times 3 = 6$（点），$3 \times 3 = 9$（点），$5 \times 3 = 15$（点）である。

進さんは右表Ⅰのようになるから，2点，3点，4点，5点，6点，7点，8点，10点である。

陽子さんは，$6 \times 1.5 = 9$（点），$8 \times 1.5 = 12$（点），$10 \times 1.5 = 15$（点）である。

陽子さんの得点を決めると太郎さんの得点が決まり，2位になるための進さんの得点が限られてくる。したがって，陽子さんの得点を決めてから，条件に合うように4人の得点を決めればよい。

考えられる得点の組み合わせは右表Ⅱの6通りある。

	1	2	3	5
1	2	3	4	6
2	3	4	5	7
3	4	5	6	8
5	6	7	8	10

表Ⅱ

太郎さん	6点	6点	6点	8点	8点	8点
花子さん	3点	3点	15点	9点	6点	3点
進さん	8点	7点	10点	10点	10点	10点
陽子さん	9点	9点	9点	12点	12点	12点

課題2

(1) ちょうこく刀に限らず刃物を使うときは，刃が動く先に自分（や他人）の手や体がこないようにすること。

(2) 右図のように記号をおく。図が直線ＡＢについて線対称だから，
ＡＢとＣＥは垂直であり，角ＣＦＤ＝角ＥＦＤ＝90°
よって，三角形ＦＣＤの内角について，ⓐ＝180°－23°－90°－31°＝36°

(3) 三角形ＢＦＨの面積から，三角形ＢＤＣと三角形ＤＦＥの面積を引けばよい。
三角形ＢＦＨの面積は $9 \times 8 \div 2 = 36$（cm²），三角形ＢＤＣの面積は $3 \times 2 \div 2 = 3$（cm²），
三角形ＤＦＥの面積は $6 \times 4 \div 2 = 12$（cm²）だから，四角形ＣＤＥＨの面積は，$36 - 3 - 12 = 21$（cm²）

(4) 解答例のように，図6で底面になっている面を中心にして上下に分けてかくのがかきやすい。
上の面や側面をかき忘れないように，かきあげた展開図の面の数と立体の面の数を比べるようにしよう。

課題3

(1) 図1より，豆電球のソケットから出る2本の導線のうち，一方は豆電球の側面に，もう一方は豆電球の底面につながっている。したがって，ソケットのない豆電球では，側面と底面につながるように回路を作れば，豆電球に明かりがつく。導線は1本しかないので，解答例のように豆電球とかん電池が接するようにつなぐ。

(2) 〔濃さ(%)＝$\dfrac{とけているものの重さ(g)}{水よう液の重さ(g)} \times 100$〕より，濃さを見分けるときは，水よう液の重さを同じにしてとけているものの重さ（水を蒸発させて出てくる結晶の重さ）を比べる。

(3) 具体的な値を使って説明する。夏のグラフでは，浸水時間が30分の時，吸収量が18％である。冬のグラフで同じ吸収量になる時，浸水時間は60分である。

━《解答例》━━

課題1　(1)①空気がすんで、風が心地よい季節になりました。　②多くの方のご参加をお待ちしております。

(2)授業で使う教科書　(3)多くの言葉を知っていれば、それだけ物事を深く考えられるということ。

(4)「人生」にかかわる「読解力」は、言葉の表現者の意図を正確に読み、それを自分の言葉に置きかえてかい
しゃくする力で、自分の想像力や思考力をきたえる必要があるから。

課題2　〈作文のポイント〉

　　・最初に自分の主張、立場を明確に決め、その内容に沿って書いていく。

　　・わかりやすい表現を心がける。自信のない表現や漢字は使わない。

　　さらにくわしい作文の書き方・作文例はこちら！→

　　　　　　　　　　　　　　https://kyoei-syuppan.net/mobile/files/sakupo.html

課題3　(1)10 代から 30 代は，テレビの視聴時間が減っているがインターネットの利用時間が増えている。一方，40 代
から 60 代は，テレビの視聴時間はほとんど変わらないが，インターネットの利用時間は増えている。

(2)1990 年は住まいの購入を考えるような働く世代に，2020 年は健康に関心のある高齢の世代に情報を届けよう
としており，情報の受け手である読者層が変化していると考えられるから。　　(3)ア．優れたイラストを描い
ても発表の機会がなかった　イ．インターネット上に自分の作品を発表し，多くの人から評価を受けることが
できるようになった。

《解　説》━━

課題1

(1)①　10 月の時候のあいさつには、他に「木々の葉が色づいてまいりました」「実りの秋となりました」などがあ
る。　　②　接頭語の「お」や「ご」をつけることで、読む人に敬意を表す尊敬語にできるので、「参加」を「ご
参加」にする。書き手の動作には謙譲語を用いるので、「お〜する」の表現を用いて、「待って」を「お待ちして」
に直す。また、「待ってます」は間違った表現で、本来は「待っています」とするべきである。ここでは、「います」
をさらに丁寧な表現である「おります」に直している。

(2)　直前の 2 行を参照。「これ」は、学校の授業で使う教科書の内容、具体的には「国語や道徳の授業」で読む
「物語や説明文、伝記など」、「算数や理科の授業」で読む「図形や式、グラフなどの資料」などを指している。

(3)　直前に「ひとは、言葉以外のもので思考できない」とある。言葉を使って思考するのだから、「言語のレベル」
が高い、つまり、〝言葉を多く知っている〟ことで、その言葉を用いて、深く豊かな思考ができるのである。

(4)　「それぞれの『読解力』」とは、①村上さんが昔から国語という教科で求めてきた「読解力」と、②「別の読
解力」である。本文の後半の内容から、①の読解力は「『人生』に直接かかわるもの」で、②「別の『読解力』」
（「昨今話題の『読解力』」）は、「『生活』にかかわるもの」である。問題では②の「生活にかかわる」読解力につ
いては、すでに説明が書かれているので、①の人生にかかわる読解力について説明すればよい。本文 ▢ 内の
7 〜10 行目の「『読解力』とは、言葉の表現者の意図を正確に読み、それを自分の言葉に置き換えて解釈する力
である〜読解力とは想像力、思考力の鍛錬である」からまとめる。

課題3

(1) テレビの視聴時間の変化によって2つのグループに分ける。資料1より，たて軸に着目すると，全世代の矢印が上に伸びていることから，インターネットの利用時間が増えていることがわかる。横軸に着目すると，10代・20代・30代の矢印は左を指していることから，テレビの視聴時間が減っていることがわかる。一方，40代・50代・60代の矢印は左右にほとんど動いていないことから，テレビの視聴時間がほとんど変わっていないことがわかる。

(2) 太郎さんが「1990年は，自動車や住まいに関するものが多いですが，2020年では，健康や医療に関するものが多くなっています」と言っていることに着目する。少子高齢化によって，働く世代が減少して高齢者が増え続けているため，新聞広告のターゲット層も高齢化していった。

(3) 解答例の他，アを「お店の宣伝ができなかった」として，イを「インターネット上に商品の写真や広告を載せて，お客を呼び込むことができるようになった。」とするのも良い。インターネット上では，ＳＮＳなどを利用して無料で発信できるといった長所がある。一方，情報の拡散力があるため，個人に対する誹謗中傷が深刻化しやすいといった短所もあることを覚えておこう。

《解答例》

課題1　(1)1，22　(2)太郎さんは…231　花子さんは…224

※(3)表…右表／9，63〔別解〕7，81

課題2　(1)4　(2)右図　(3)90　※(4)72

課題3　(1)太陽の方向に雲がなく夕焼けがきれい
に見えるということから，西の空が晴れ
ていることがわかる。天気は西から東に
移るので，西の空が晴れているというこ
とは，その後の天気は晴れになりやすい。

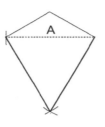

	本の冊数		
	本D	本E	本F
10段目	0	0	0
9段目	13	9	2
8段目	13	9	2
7段目	13	9	2
6段目	13	9	2
5段目	13	9	2
4段目	13	9	2
3段目	13	9	2
2段目	13	9	2
1段目	13	9	2

	本の冊数		
	本D	本E	本F
10段目	0	0	0
9段目	0	0	0
8段目	0	0	0
7段目	24	11	0
6段目	24	11	0
5段目	24	11	0
4段目	24	11	0
3段目	21	13	0
2段目	0	22	3
1段目	0	2	15

〔別解〕の表

(2)説明…点B，Cのどちらにくぎを固定しても，糸がくぎにふれているときのふりこの長さは実験2のときと同
じなので，実験2のときよりも糸がくぎにふれている時間が短くなる点Cにくぎを固定すればよい。　答…C

(3)説明…空気，水，金属の温度がそれぞれ同じように高くなるとき，もっとも体積の変化が大きいのが空気な
ので，試験管Cの少量の水が一番上まで動く。また，もっとも体積の変化が小さいのが金属なので，試験管B
の水面が一番低くなり，④が正しく表したものとなる。　正しく表したもの…④

※の説明は解説を参照してください。

《解　説》

課題1

(1)　毎日15ページずつ読むと，320÷15＝21余り5より，21＋1＝22(日)で本を読み終える。1月1日から読み
始めるから，終わるのは1月22日である。

(2)　太郎さんは1日目に，$396 \times \frac{1}{4} = 99$(ページ)，2日目に残り396－99＝297(ページ)の$\frac{4}{9}$である$297 \times \frac{4}{9} =$
132(ページ)を読み終えたので，2日間で99＋132＝231(ページ)読んだ。花子さんは1日目に138ページ，2日目
に$215 \times \frac{40}{100} = 86$(ページ)を読み終えたので，2日間で138＋86＝224(ページ)読んだ。

(3)　表3から，本D，E，Fのそれぞれの冊数の合計は，45＋72＝117(冊)，33＋48＝81(冊)，9＋9＝18(冊)だ
から，本D，E，Fのそれぞれの厚さの合計は，2×117＝234(cm)，3×81＝243(cm)，5×18＝90(cm)なので，
すべての本の厚さの合計は，234＋243＋90＝567(cm)である。これをすきまなく各段に並べるのだから，本だなの
段数は567の約数になる。本だなの横はばは150cm以下なので，567÷150＝3余り117より，本だなの段数は4
段以上である。567を素数の積で表すと567＝3×3×3×3×7となり，4以上10以下の567の約数として，
7と3×3＝9が見つかるので，本だなの段数は7段か9段である。

本D，E，Fのそれぞれの冊数(117冊，81冊，18冊)が7の倍数か9の倍数ならば，各段に同じ並べ方で本を並
べられるので調べてみると，7の倍数はないが，すべて9の倍数であるとわかる。したがって，段数を9段にし，
各段に本Dを117÷9＝13(冊)，本Eを81÷9＝9(冊)，本Fを18÷9＝2(冊)並べると，ぴったり並べること
ができる。このときの本だなの横はばは，567÷9＝63(cm)である。

なお，本だなの段数を7段とする場合は，本だなの横はばは567÷7＝81(cm)となり，解答例のように本をすき
まなく並べることができる。9段の場合でも7段の場合でも，表は解答例以外にも色々考えられる。

課題2

(1) アは2分音符，イは8分音符である。アは全音符の2分の1，イは全音符の8分の1の長さだから，アはイの $\frac{1}{2} \div \frac{1}{8} = 4$ (倍)の長さでふけばよい。

(2) Bの部分は正三角形となるので，まず右図のXYの長さをコンパスでとる。次に，2点X，Yからそれぞれコンパスで半径がXYと同じ長さである曲線をかき，交わった点とX，Yをそれぞれ結ぶと解答例のようになる。

(3) 右図のように補助線を引くと，正六角形は合同な36個の直角三角形に分けられる。色がついた部分の面積は，この直角三角形2個分だから，正六角形の面積は，$5 \times \frac{36}{2} = 90$ (cm²)

(4) 正五角形の1つの内角の大きさは，$180 \times (5-2) \div 5 = 108$ (度)なので，角ＡＢＣ＝角ＢＣＤ＝108度である。三角形ＢＡＣはＢＡ＝ＢＣの二等辺三角形なので，角ＢＣＡ＝$(180-108) \div 2 = 36$ (度)である。したがって，角⒜＝$108-36 = 72$ (度)である。

課題3

(1) 日本付近の上空では，強い西風（偏西風）がふいているため，雲は西から東へ移動し，天気も西から東へ変化していくことが多い。このことと，夕方の太陽が西の空にあることから，夕焼けがきれいに見えると，次の日は晴れることが多いと考えることができる。これと同じような考え方をもとに，「朝虹は雨，夕虹は晴れ（朝に虹が見えた日は雨になり，夕方に虹が見えた翌日は晴れになる）」という観天望気がある。

(2) ふりこが1往復する時間はふりこの長さによって決まっていて，ふりこの長さが長いほどふりこが1往復する時間は長くなる。図1の実験2では，Aの左側を実験1と同じ長さのふりことして動き，Aの右側を実験1より短いふりことして動くため，Aの右側でふりこが短くなった分だけ移動にかかる時間が短くなり，1往復する時間が短くなった。糸がくぎにふれるとふりこの長さが短くなるので，Aのときよりくぎにふれるまでの時間が長くなる（くぎにふれている時間が短くなる）Cにくぎを固定すれば，1往復する時間が（4.0秒よりは短く）Aのときの3.4秒よりは長くなる。

(3) ④○…ものはあたためられると体積が大きくなる。上昇した温度が同じとき，体積の増加が大きい順に，空気＞水＞金属となるので，ガラス管内の水面が高い順に，Ｃ＞Ａ＞Ｂとなる。

《解答例》

課題1　(1)[熟語／文]　(例文)[視覚／映像を使って視覚にうったえる。]，[資格／出場資格を得る。]　　(2)頭の中にあらかじめ作ったイメージに徹底的に集中でき，跳ぶことへの恐怖心をなくせること。　　(3)(例文)歩行者用の信号機の中には音の出るものがあって，目の見えない人でも耳で聞いて，渡ってよいときと悪いときが分かるようになっている。　　(4)さまざまな障害を持った人が共に生きる社会になるから，人と人が理解しあうために，相手の体のあり方を知ろうとする

課題2　<作文のポイント>

　　　・最初に自分の主張，立場を明確に決め，その内容に沿って書いていく。

　　　・わかりやすい表現を心がける。自信のない表現や漢字は使わない。

　　　さらにくわしい作文の書き方・作文例はこちら！→

　　　　　　　　　　　　　　　　　　　　http://bit.ly/JekfSh
エル

課題3　(1)石油化学コンビナートが多いので，関東内陸工業地域にくらべて化学工業生産額の割合が高い。

　　　(2)ア．スーパーマーケットを選んで，スーパーマーケットで集めたペットボトルがどこでリサイクルされているのか調べてみたいと思います。（スーパーマーケットではお客さんからペットボトルを回収するボックスを設置してたくさん集めているので取材をしてみたいと考えました。）　イ．国内処理 12％に対して，輸出が16％もあり，国内処理されるよりも国外へ多く輸出していることが課題だと考えます。輸出するということは他の国に日本のごみを押しつけていることになり，他の国が受け入れなくなったときに国内で処理しきれなくなるからです。

《解　説》

課題1

(2)　「もちろん」で始まる段落に「しかし，『跳ぶ』という肝心の行為に関しては」とあることに着目する。「頭の中にあらかじめ作ったイメージに徹底的に集中することが重要〜偶発事を排除した揺るがないイメージに没入することができれば，恐怖心は生まれません」とある。──アのようにすることで，跳ぶことへの恐怖心をなくすことができると筆者は考えている。

(4)　筆者は，──ウのような「超高齢化社会」を，直後に「さまざまな障害を持った人が，さまざまな体を駆使してひとつの社会をつくりあげていく時代」と説明している。そして，最後の段落で「そうなると」と受けて，「人と人が理解しあうために，相手の体のあり方を知ることが不可欠になってくるでしょう」と述べている。

課題3

(1)　資料2より，石油化学コンビナートの数が，関東内陸工業地域は0，瀬戸内工業地域は4つあることがわかる。そのことを踏まえて資料1を見ると，工業生産額はほぼ同額であるにもかかわらず，化学工業生産額の割合が，瀬戸内工業地域は21％，関東内陸工業地域は9％で，瀬戸内工業地域の方が関東内陸工業地域より2倍以上高いとわかる。

(2)ア　解答例の「ペットボトル」を「食品トレー」「牛乳パック」などにしても良い。また，「どこでリサイクルされているのか」を「何にリサイクルされているのか」にしても良い。ペットボトルは卵パックや衣料品，牛乳パック

はトイレットペーパーなどにリサイクルされている。市役所を選ぶ場合は、「市役所を選んで、リサイクルされるごみをどのように分類して回収しているのか調べてみたいと思います。」などの解答が考えられる。資源として再利用する「リサイクル」、ゴミの発生を抑制する「リデュース」、そのままの形体で繰り返し使用する「リユース」をまとめて３Ｒと呼ぶ。３Ｒを進めて新たな天然資源の使用を減らす循環型社会の実現を目指していこう。

イ　リサイクルされているプラスチックのうち、国内処理量は 108 万ｔ、輸出量は 143 万ｔあり、国内よりも国外で処理している量の方が多いことがわかる。解答例のほか、「リサイクルされないまま焼却されているプラスチックが 76 万ｔもあり、二酸化炭素を大量に排出していふぁることが課題だと考えます。二酸化炭素などの温室効果ガスが大量に排出されると、地球表面の気温が高くなっていく地球温暖化現象が引き起こされるからです。」なども良い。

■ ご使用にあたってのお願い・ご注意

（1）問題文等の非掲載

　著作権上の都合により，問題文や図表などの一部を掲載できない場合があります。

　誠に申し訳ございませんが，ご了承くださいますようお願いいたします。

（2）過去問における時事性

　過去問題集は，学習指導要領の改訂や社会状況の変化，新たな発見などにより，現在とは異なる表記や解説になっている場合があります。過去問の特性上，出題当時のままで出版していますので，あらかじめご了承ください。

（3）配点

　学校等から配点が公表されている場合は，記載しています。公表されていない場合は，記載していません。

　独自の予想配点は，出題者の意図と異なる場合があり，お客様が学習するうえで誤った判断をしてしまう恐れがあるため記載していません。

（4）無断複製等の禁止

　購入された個人のお客様が，ご家庭でご自身またはご家族の学習のためにコピーをすることは可能ですが，それ以外の目的でコピー，スキャン，転載（ブログ，ＳＮＳなどでの公開を含みます）などをすることは法律により禁止されています。学校や学習塾などで，児童生徒のためにコピーをして使用することも法律により禁止されています。

　ご不明な点や，違法な疑いのある行為を確認された場合は，弊社までご連絡ください。

（5）けがに注意

　この問題集は針を外して使用します。針を外すときは，けがをしないように注意してください。また，表紙カバーや問題用紙の端で手指を傷つけないように十分注意してください。

（6）正誤

　制作には万全を期しておりますが，万が一誤りなどがございましたら，弊社までご連絡ください。

　なお，誤りが判明した場合は，弊社ウェブサイトの「ご購入者様のページ」に掲載しておりますので，そちらもご確認ください。

■ お問い合わせ

　解答例，解説，印刷，製本など，問題集発行におけるすべての責任は弊社にあります。

　ご不明な点がございましたら，弊社ウェブサイトの「お問い合わせ」フォームよりご連絡ください。迅速に対応いたしますが，営業日の都合で回答に数日を要する場合があります。

　ご入力いただいたメールアドレス宛に自動返信メールをお送りしています。自動返信メールが届かない場合は，「よくある質問」の「メールの問い合わせに対し返信がありません。」の項目をご確認ください。

　また弊社営業日（平日）は，午前9時から午後5時まで，電話でのお問い合わせも受け付けています。

2025 春

株式会社教英出版

〒422-8054　静岡県静岡市駿河区南安倍3丁目12-28

TEL　054-288-2131　　FAX　054-288-2133

URL　https://kyoei-syuppan.net/

MAIL　siteform@kyoei-syuppan.net

教英出版の親子で取りくむシリーズ

公立中高一貫校とは？適性検査とは？
受検を考えはじめた親子のための
最初の1冊！

「概要編」では公立中高一貫校の仕組みや適性検査の特徴をわかりやすく説明し，「例題編」では実際の適性検査の中から，よく出題されるパターンの問題を厳選して紹介しています。実際の問題紙面も掲載しているので受検を身近に感じることができます。

- 公立中高一貫校を知ろう！
- 適性検査を知ろう！
- 教科的な問題〈適性検査ってこんな感じ〉
- 実技的な問題〈さらにはこんな問題も！〉
- おさえておきたいキーワード

定価：**1,078**円（本体980＋税）

適性検査の作文問題にも対応！
「書けない」を「書けた！」に
導く合格レッスン

「実力養成レッスン」では，作文の技術や素材の見つけ方，書き方や教え方を対話形式でわかりやすく解説。実際の入試作文をもとに，とり外して使える解答用紙に書き込んでレッスンをします。赤ペンの添削例や，「添削チェックシート」を参考にすれば，お子さんが書いた作文をていねいに添削することができます。

- レッスン1 作文の基本と，書くための準備
- レッスン2 さまざまなテーマの入試作文
- レッスン3 長文の内容をふまえて書く入試作文
- 実力だめし！入試作文
- 別冊「添削チェックシート・解答用紙」付き

定価：**1,155**円（本体1,050＋税）

絶賛販売中！

詳しくは教英出版で検索

教英出版　　　　検索

URL https://kyoei-syuppan.net/

学校別問題集
★はカラー問題対応

北　海　道
① [市立]札幌開成中等教育学校
② 藤　女　子　中　学　校
③ 北　嶺　中　学　校
④ 北星学園女子中学校
⑤ 札　幌　大　谷　中　学　校
⑥ 札　幌　光　星　中　学　校
⑦ 立命館慶祥中学校
⑧ 函館ラ・サール中学校

青　森　県
① [県立]三本木高等学校附属中学校

岩　手　県
① [県立]一関第一高等学校附属中学校

宮　城　県
① [県立]宮城県古川黎明中学校
② [県立]宮城県仙台二華中学校
③ [市立]仙台青陵中等教育学校
④ 東　北　学　院　中　学　校
⑤ 仙台白百合学園中学校
⑥ 聖ウルスラ学院英智中学校
⑦ 宮　城　学　院　中　学　校
⑧ 秀　光　中　学　校
⑨ 古　川　学　園　中　学　校

秋　田　県
① [県立] 大館国際情報学院中学校
秋田南高等学校中等部
横手清陵学院中学校

山　形　県
① [県立] 東桜学館中学校
致道館中学校

福　島　県
① [県立] 会津学鳳中学校
ふたば未来学園中学校

茨　城　県
① [県立] 日立第一高等学校附属中学校
太田第一高等学校附属中学校
水戸第一高等学校附属中学校
鉾田第一高等学校附属中学校
鹿島高等学校附属中学校
土浦第一高等学校附属中学校
竜ヶ崎第一高等学校附属中学校
下館第一高等学校附属中学校
下妻第一高等学校附属中学校
水海道第一高等学校附属中学校
勝田中等教育学校
並木中等教育学校
古河中等教育学校

栃　木　県
① [県立] 宇都宮東高等学校附属中学校
佐野高等学校附属中学校
矢板東高等学校附属中学校

群　馬　県
① [県立]中央中等教育学校
[市立]四ツ葉学園中等教育学校
[市立]太　田　中　学　校

埼　玉　県
① [県立]伊　奈　学　園　中　学　校
② [市立]浦　和　中　学　校
③ [市立]大宮国際中等教育学校
④ [市立]川口市立高等学校附属中学校

千　葉　県
① [県立] 千　葉　中　学　校
東　葛　飾　中　学　校
② [市立]稲毛国際中等教育学校

東　京　都
① [国立]筑波大学附属駒場中学校
② [都立]白鷗高等学校附属中学校
③ [都立]桜修館中等教育学校
④ [都立]小石川中等教育学校
⑤ [都立]両国高等学校附属中学校
⑥ [都立]立川国際中等教育学校
⑦ [都立]武蔵高等学校附属中学校
⑧ [都立]大泉高等学校附属中学校
⑨ [都立]富士高等学校附属中学校
⑩ [都立]三鷹中等教育学校
⑪ [都立]南多摩中等教育学校
⑫ [区立]九段中等教育学校
⑬ 開　成　中　学　校
⑭ 麻　布　中　学　校
⑮ 桜　蔭　中　学　校
⑯ 女　子　学　院　中　学　校
★⑰ 豊島岡女子学園中学校
⑱ 東京都市大学等々力中学校
⑲ 世　田　谷　学　園　中　学　校
★⑳ 広尾学園中学校（第2回）
★㉑ 広尾学園中学校（医進・サイエンス回）
㉒ 渋谷教育学園渋谷中学校（第1回）
㉓ 渋谷教育学園渋谷中学校（第2回）
㉔ 東京農業大学第一高等学校中等部
（2月1日 午後）
㉕ 東京農業大学第一高等学校中等部
（2月2日 午後）

④ [府立] 富田林中学校
⑤ [府立] 咲くやこの花中学校
⑥ [府立] 水都国際中学校
⑦ 清　風　中　学　校
⑧ 高 槻 中 学 校（A日程）
⑨ 高 槻 中 学 校（B日程）
⑩ 明　星　中　学　校
⑪ 大阪女学院中学校
⑫ 大　谷　中　学　校
⑬ 四 天 王 寺 中 学 校
⑭ 帝 塚 山 学 院 中 学 校
⑮ 大 阪 国 際 中 学 校
⑯ 大 阪 桐 蔭 中 学 校
⑰ 開　明　中　学　校
⑱ 関 西 大 学 第 一 中 学 校
⑲ 近 畿 大 学 附 属 中 学 校
⑳ 金 蘭 千 里 中 学 校
㉑ 金 光 八 尾 中 学 校
㉒ 清 風 南 海 中 学 校
㉓ 帝塚山学院泉ヶ丘中学校
㉔ 同 志 社 香 里 中 学 校
㉕ 初 芝 立 命 館 中 学 校
㉖ 関 西 大 学 中 等 部
㉗ 大 阪 星 光 学 院 中 学 校

兵　庫　県
① [国立] 神戸大学附属中等教育学校
② [県立] 兵庫県立大学附属中学校
③ 雲 雀 丘 学 園 中 学 校
④ 関 西 学 院 中 学 部
⑤ 神 戸 女 学 院 中 学 部
⑥ 甲 陽 学 院 中 学 校
⑦ 甲　南　中　学　校
⑧ 甲 南 女 子 中 学 校
⑨ 灘　　中　　学　　校
⑩ 親　和　中　学　校
⑪ 神戸海星女子学院中学校
⑫ 滝　川　中　学　校
⑬ 啓 明 学 院 中 学 校
⑭ 三 田 学 園 中 学 校
⑮ 淳 心 学 院 中 学 校
⑯ 仁 川 学 院 中 学 校
⑰ 六 甲 学 院 中 学 校
⑱ 須磨学園中学校（第1回入試）
⑲ 須磨学園中学校（第2回入試）
⑳ 須磨学園中学校（第3回入試）
㉑ 白　陵　中　学　校

㉒ 夙　川　中　学　校

奈　良　県
① [国立] 奈良女子大学附属中等教育学校
② [国立] 奈良教育大学附属中学校
③ [県立] 国 際 中 学 校 ／ 青 翔 中 学 校
④ [市立] 一条高等学校附属中学校
⑤ 帝 塚 山 中 学 校
⑥ 東 大 寺 学 園 中 学 校
⑦ 奈 良 学 園 中 学 校
⑧ 西 大 和 学 園 中 学 校

和　歌　山　県
① [県立] 古 佐 田 丘 中 学 校 ／ 向 陽 中 学 校 ／ 桐 蔭 中 学 校 ／ 日高高等学校附属中学校 ／ 田 辺 中 学 校
② 智 辯 学 園 和 歌 山 中 学 校
③ 近 畿 大 学 附 属 和 歌 山 中 学 校
④ 開　智　中　学　校

岡　山　県
① [県立] 岡 山 操 山 中 学 校
② [県立] 倉 敷 天 城 中 学 校
③ [県立] 岡山大安寺中等教育学校
④ [県立] 津　山　中　学　校
⑤ 岡　山　中　学　校
⑥ 清　心　中　学　校
⑦ 岡 山 白 陵 中 学 校
⑧ 金 光 学 園 中 学 校
⑨ 就　実　中　学　校
⑩ 岡山理科大学附属中学校
⑪ 山 陽 学 園 中 学 校

広　島　県
① [国立] 広 島 大 学 附 属 中 学 校
② [国立] 広島大学附属福山中学校
③ [県立] 広　島　中　学　校
④ [県立] 三　次　中　学　校
⑤ [県立] 広 島 叡 智 学 園 中 学 校
⑥ [市立] 広 島 中 等 教 育 学 校
⑦ [市立] 福　山　中　学　校
⑧ 広 島 学 院 中 学 校
⑨ 広 島 女 学 院 中 学 校
⑩ 修　道　中　学　校

⑪ 崇　徳　中　学　校
⑫ 比 治 山 女 子 中 学 校
⑬ 福 山 暁 の 星 女 子 中 学 校
⑭ 安 田 女 子 中 学 校
⑮ 広 島 な ぎ さ 中 学 校
⑯ 広 島 城 北 中 学 校
⑰ 近畿大学附属広島中学校福山校
⑱ 盈　進　中　学　校
⑲ 如 水 館 中 学 校
⑳ ノートルダム清心中学校
㉑ 銀 河 学 院 中 学 校
㉒ 近畿大学附属広島中学校東広島校
㉓ Ａ Ｉ Ｃ Ｊ 中 学 校
㉔ 広 島 国 際 学 院 中 学 校
㉕ 広島修道大学ひろしま協創中学校

山　口　県
① [県立] 下 関 中 等 教 育 学 校 ／ 高 森 み ど り 中 学 校
② 野 田 学 園 中 学 校

徳　島　県
① [県立] 富 岡 東 中 学 校 ／ 川 島 中 学 校 ／ 城ノ内中等教育学校
② 徳 島 文 理 中 学 校

香　川　県
① 大 手 前 丸 亀 中 学 校
② 香 川 誠 陵 中 学 校

愛　媛　県
① [県立] 今 治 東 中 等 教 育 学 校 ／ 松 山 西 中 等 教 育 学 校
② 愛　光　中　学　校
③ 済 美 平 成 中 等 教 育 学 校
④ 新 田 青 雲 中 等 教 育 学 校

高　知　県
① [県立] 安 芸 中 学 校 ／ 高 知 国 際 中 学 校 ／ 中 村 中 学 校

教英出版

〒422-8054
静岡県静岡市駿河区南安倍3丁目12-28
TEL 054-288-2131
FAX 054-288-2133

詳しくは教英出版で検索

教英出版　[検索]

URL https://kyoei-syuppan.net/

令和６年度

岡山県立中学校及び岡山県立中等教育学校　　適性検査Ⅰ

【注意】

・　この検査は、文章を読んで、太字で書かれた課題に対して、答えやあなたの考えなどをかく検査です。課題ごとに、それぞれ指定された場所にかきましょう。

・　検査用紙は、表紙（この用紙）をのぞいて、３枚あります。指示があるまで、下の検査用紙を見てはいけません。

・　「始め」の合図があってから、検査用紙の枚数を確かめ、３枚とも指定された場所に受検番号を記入しましょう。

・　検査用紙の枚数が足りなかったり、やぶれていたり、印刷のわるいところがあったりした場合は、手をあげて先生に知らせましょう。

・　検査用紙の ※ ☐ には、何もかいてはいけません。

・　この検査の時間は、４５分間です。

・　表紙（この用紙）と検査用紙は、持ち帰ってはいけません。

・　表紙（この用紙）の裏を、計算用紙として使用してもよろしい。

受検番号		1※	2※	3※	※

（配点非公表）

課題1 太郎さんと花子さんは、住んでいる地域を活性化させるために自分たちにできることは何かを考え、地域の自治会の方に相談したところ、次のようなリクエストが届きました。あとの（1）、（2）に答えましょう。

《自治会からのリクエスト》
① 新しい観光スポットとして、駅前の大きな木をイルミネーションでかざってほしい。
② 点灯時間帯は 17 時から 23 時までとし、1 時間ごとにふん囲気が変わるようにしてほしい。
③ 20 時から 21 時の時間帯は、人通りが多いので、はなやかになるように工夫してほしい。

太郎：ふん囲気が変化するイルミネーションにするには、複数の種類の電球を使いたいね。
花子：理科の授業で3つの電球を図1のようにつないだとき、電流が矢印のように流れたから電球が光ったね。
太郎：この回路にスイッチをつけると、点灯させる電球を変えることができそうだね。

図1

※

（1） 太郎さんと花子さんは、3種類の電球A、B、Cを用意し、表1のように点灯させる電球と点灯させない電球の組み合わせを考え、図2のような表1のすべての組み合わせを点灯させることができる回路を作りました。花子さんは、図2の回路のスイッチのうちいくつかを、スイッチから導線に変えても、表1のすべての組み合わせを点灯させることができることに気づきました。使用するスイッチの数を最も少なくするには、同時に何個のスイッチを取り外すことができますか。取り外すことができるスイッチの数を書きましょう。また、その組み合わせのうち1つを記号で答えましょう。

表1　点灯させる電球と点灯させない電球の組み合わせ（○は点灯する電球）

電球A	○			○		○	○
電球B		○		○	○		○
電球C			○		○	○	○

図2

スイッチの数	個
組み合わせ	

太郎：自治会からのリクエストをもとに**表2**の点灯計画を作って、自治会の方に見てもらったら、追加のリクエストが届いたよ。
花子：自治会からの追加のリクエストもふまえて、新しい点灯計画を考えてみようよ。

※

（2） 表2は、太郎さんたちが、最初に作成した3種類の電球A、B、Cを使った点灯計画です。表3は、各電球を1時間点灯させたときに必要な電気代を表したものです。電球Aと電球Bをそれぞれ1時間点灯させたとき、電球Aは電球Bの何倍電気代がかかるか答えましょう。

また、《自治会からの追加のリクエスト》をふまえた【新しい点灯計画】を考え、解答らんの表に○印と合計点灯時間を書きましょう。ただし、20 時から 21 時の時間帯はすべての電球を点灯させるようにします。

《自治会からの追加のリクエスト》
① 新しい点灯計画も、表2の点灯計画全体でかかる電気代と同じになるようにしてほしい。
② 点灯している電球の組み合わせは、1時間ごとに変わるようにしてほしい。
③ 各電球の合計点灯時間は、表2の点灯計画の合計点灯時間とすべて異なるようにしてほしい。

表2　点灯計画（○印は点灯させる時間帯）

電球の種類 ＼ 点灯時間帯	17～18時	18～19時	19～20時	20～21時	21～22時	22～23時	合計点灯時間
電球A		○	○	○		○	4時間
電球B		○	○	○	○		4時間
電球C	○			○	○	○	4時間

表3　各電球を1時間点灯させたときに必要な電気代

電球A	電球B	電球C
2.7円	3.6円	4.5円

解答らん

電球Aは電球Bの ［　　］ 倍電気代がかかる。

【新しい点灯計画】

電球の種類 ＼ 点灯時間帯	17～18時	18～19時	19～20時	20～21時	21～22時	22～23時	合計点灯時間
電球A				○			時間
電球B				○			時間
電球C				○			時間

課題2　次の（1）～（3）に答えましょう。

※

（1）　花子さんは、橋をわたっているとき、橋のつなぎ目にすき間が空いていることに気づきました（写真1の矢印の部分）。写真2は、橋のつなぎ目の様子を真上からさつえいしたものです。橋のつなぎ目にすき間が空けられているのは、金属が使われている橋をこわれにくくするための工夫です。その工夫をしている理由となる、ものの温度と体積の関係について説明しましょう。

写真1　　　　写真2

説明

※

（2）　運動場の土は、つぶの大きさのちがうものが混ざっています。太郎さんは、雨が降った後の運動場を見て、表面に大きいつぶが目立っていることに気づきました。

太郎：昨日運動場の整備をしたばっかりなのに、なぜつぶの大きいものが目立っているのかな。
花子：雨が降ったことと関係があるのかもしれないね。実験して調べてみよう。

　太郎さんと花子さんは、雨が降った後の運動場の表面に大きいつぶが目立つ理由を確かめるために、次のような方法で実験し、実験結果をまとめ考察しました。【考察】の空らん　ア　に入る内容について、つぶの大きさのちがいにふれながらあなたの考えを解答らんに書きましょう。

【実験方法】
① 雨が降る前の運動場の土を用意し、つぶの大きさを観察する。

　　土
　　輪ゴム
　　ガーゼ

図

② ペットボトルで右の図のようなそうちを作り、その土を入れた後、水をそそぐ。

③ 1分後、水のしみこみ方とペットボトルの底にたまった水のようすを観察する。

【実験結果】

水をそそぐ前の土のようす	小さいつぶと大きいつぶが混ざっていた。
水をそそいだ後のようす	・水はゆっくりしみこんだ。 ・にごった水がたまっていた。

【考察】
　ペットボトルの底に、にごった水がたまったという実験結果から、雨が降った後の運動場の表面に大きいつぶが目立つ理由は、

からといえる。

解答らん

※

（3）　太郎さんと花子さんは、植物の葉に日光が当たるとでんぷんが作られることを確かめるために、次のような実験を計画しています。

【実験計画】

	7月24日　夕方	7月25日　朝	7月25日　正午過ぎ
方法	よく日光に当たった8枚のジャガイモの葉（A）に、アルミニウムはくをかぶせて日光を葉に当てないようにする（B）。	4枚の葉のアルミニウムはくをはずし（C）、のこり4枚はかぶせたままにする（D）。正午まで、全体に日光が当たるようにする。	全体をしっかり日光に当てた後、アルミニウムはくをはずしたままの葉（E）にでんぷんがあるか、ヨウ素液を使って調べる。
葉のようす	アルミニウムはくをかぶせる前（A）　アルミニウムはくをかぶせた後（B）	アルミニウムはくをはずす（C）　アルミニウムはくをかぶせたまま（D）	アルミニウムはくをはずしたまま（E）　アルミニウムはくをかぶせたまま（F）

太郎：（E）の葉にでんぷんがあったら、植物の葉に日光が当たるとでんぷんが作られるといえるね。
花子：待って。（E）の葉を調べただけで、それがいえるのかな。

　実験計画を見直すと、植物の葉に日光が当たるとでんぷんが作られることを確かめるには、今の実験計画では不十分であることがわかりました。（A）～（F）のどの葉に対して、何をしなければならないか2つ書きましょう。

（　　　）の葉に対して、（　　　　　　　　　　　　　　　　　　　　　　　　　　　　）

（　　　）の葉に対して、（　　　　　　　　　　　　　　　　　　　　　　　　　　　　）

課題3　次の（1）～（3）に答えましょう。

※

（1）　あるお店で、1個80円のパンを100個仕入れました。そのパンを1個100円ではん売
したところ、65個売れました。仕入れたパンをすべて売るために、1個あたりの値段を
下げて、残りのパンを売ろうと思います。パンをすべて売り切ったときの利益を1650円に
するためには、残りのパンを1個あたりいくらで売ればよいか答えましょう。ただし、消費
税は考えないものとします。

円で売ればよい。

※

（2）　保健委員である太郎さんと花子さんは、保健室について話をしています。

太郎：保健室にけがをした人や体調が悪くなった人が続けて来ることがあるから、仕切りを
　　　立てると、その後ろで落ち着いて手当てを受けることができるようになるね。
花子：どれくらいのはん囲が見えなくなるのかな。

仕切りの様子

　太郎さんたちは保健室の中の仕切りの場所を決めて、保健室を真上から見た様子を図1のようにかきました。太郎さんは、点Pと
点Qの位置に立ち、仕切りの方向を見たときに見えなくなるゆかのはん囲の面積についてそれぞれ調べることにしました。
　太郎さんが点Pに立ったときに見えなくなるゆかのはん囲あを図2のように表しました。
太郎さんが次に点Qに立ったときに見えなくなるゆかのはん囲いを、図2の表し方にした
がって解答らんの図3にかきましょう。また、あといの面積を比べるとどのようになりま
すか。次のア～ウから記号を選び、その理由を言葉や式を使って説明しましょう。ただし、
仕切りはゆかに垂直に立て天井まであるものとし、厚みは考えないこととします。

ア　あの面積の方が大きい。
イ　いの面積の方が大きい。
ウ　あといの面積は等しい。

図1

図2　点Pに立つとき、見えなく
　　なるゆかのはん囲あ

記号	説明

図3　点Qに立つとき、見えなく
　　なるゆかのはん囲い

※

（3）　太郎さんの家に、親せきにももを送ったときの宅配業者のレシートがありました。太郎さんは、図4の同じ宅配業者の6枚のレ
シートのうち、3枚のレシートを見て、重さ（kg）、きょり（km）、料金（円）のうち、比例の関係になっている2つの数量の組み合
わせがあることを見つけました。あなたが太郎さんなら、見つけた組み合わせの1つをどのように説明しますか。解答らんの空らん
に選んだレシート番号とあてはまる言葉を書き、2つの数量が比例の関係になっていると考えた理由を説明しましょう。

レシート①	レシート②	レシート③	レシート④	レシート⑤	レシート⑥
重さ　　5 kg	重さ　　15 kg	重さ　　5 kg	重さ　　20 kg	重さ　　10 kg	重さ　　5 kg
きょり　5 km	きょり　15 km	きょり　40 km	きょり　5 km	きょり　5 km	きょり　10 km
料金　400 円	料金　3600 円	料金　3200 円	料金　1600 円	料金　800 円	料金　800 円

図4

解答らん

レシート番号 [　　　] から、[　　　] は [　　　] に比例していることがわかる。

なぜなら、[　　　]

令和六年度

岡山県立中学校及び岡山県立中等教育学校　適性検査Ⅱ

【注意】

・　この検査は、文章や資料を読んで、太字で書かれた課題に対して、答えやあなたの考えなどをかく検査です。課題ごとに、それぞれ指定された場所にかきましょう。

・　検査用紙は、表紙（この用紙）をのぞいて三枚あります。指示があるまで、下の検査用紙を見てはいけません。

・　「始め」の合図があってから、検査用紙の枚数を確かめ、三枚とも指定された場所に受検番号を記入しましょう。

・　検査用紙の枚数が足りなかったり、やぶれていたり、印刷のわるいところがあったりした場合は、手をあげて先生に知らせましょう。

・　検査用紙の ※ □ には、何もかいてはいけません。

・　この検査の時間は、四十五分間です。

・　表紙（この用紙）と検査用紙は、持ち帰ってはいけません。

受検番号 ［　　　］

（配点非公表）

課題1

太郎(たろう)さんの学級では、自分の好きな本をしょうかいする活動を行うことにしています。次の文章は、太郎さんのグループでは、この本の【しょうかいカード】を作成して、学級の他の友だちに伝えたいことについて話し合っています。これらを読んで、(1)から(3)に答えましょう。

【しょうかいしたい本の一部】

コオロギとムカデがこんな会話をしていたそうです。

「ムカデさんは個性的ですよね」

コオロギにそう言われ、ムカデはビックリして聞き返します。

「えっ、僕(ぼく)が個性的ですって?」

「だって、そんなにたくさんある脚(あし)を全部使って歩いているわけでしょう。それにしても、たくさんの脚をどんな順番でどのように動かして歩くんですか?」

そう聞かれたムカデは、はて、僕は自分の脚をどのように動かしているんだっけ、と考えこんでしまいました。そして、動けなくなってしまいました。

若い人を見ていると、同じようなことを感じることがあります。自分らしさって何だろう、自分の個性って何だろうと考えすぎてしまうのです。

自分の個性について考えれば考えるほど身動きがとれなくなってしまう。いまの世の中には「自分らしく生きなければならない」「自分の個性を発揮できるような仕事を選ばなければならない」といった妙(みょう)な圧力があるように思います。私はこれを「自分らしさの呪縛(じゅばく)」と呼んでいます。

仕事を選ぶときにも「これが本当に自分らしい仕事なのか」という考えにとらわれてしまって、何をしていいかわからない。そんな悩みを聞くこともあります。ある時点の自分らしさに基づいて仕事を決めようとしても、仕事に磨(みが)かれたり、いろいろな人と出会うことで自分らしさは変化していきます。

それに人間は一生成長していく生き物です。

もちろん自分の個性を理解した上で、それに合った仕事に就(つ)くことができればいいかもしれません。でも仕事というのは、やってみなければわからないところがあります。1年、2年と続けていくうちに、この仕事は好きかもしれない、これが天職かもしれないと思い始めることはよくあります。

私が皆さんにお伝えしたいことは、自分らしさということを焦(あせ)って探し求めなくてもいいということです。たとえ人と同じことをやっていても自然とにじみ出てくるもの、それが個性であり、自分らしさです。あなたがどんな生き方をしようが、自然に立ち表れてくるもの、それがあなたらしさであり、あなたの個性なのです。

（野口嘉則(のぐちよしのり)著『自分を好きになれない君へ』から）

*1 妙な・・・不思議な、変な。

*2 呪縛・・・心理的に人の心の自由を失わせること。

【しょうかいカード】

「自分らしさ」とは？

野口嘉則　「自分を好きになれない君へ」

●おすすめポイント

①コオロギと(ア)ムカデのたとえがあってわかりやすい。

②(イ)「自分らしさ」についてなやんでいる人へのヒントになる。

【話し合いの様子の一部】

花子(はなこ)　しょうかいカードの──線部(ア)「ムカデのたとえ」って何のことかわかるかな。何をたとえているか説明した方がいいかもしれないね。

次郎(じろう)　[A] の姿(すがた)が、動けなくなっているムカデの姿にたとえられていることを伝えたら、この本を読みたくなるかもしれないね。

太郎　タイトルを『自分らしさ』とは？としたけれどどうかな。私は、これから天職を見つけるには自分らしさがカギとなると思ったからそうしたんだ。

花子　なるほど。天職って天から与(あた)えられた職・仕事のことだよね。「仕事を選ぶとき、自分らしい仕事かどうかわからなくても、[B] によって、自分らしさが見つかることもある」という筆者の考えを伝えてみてはどうかな。

次郎　そうだね。ところで、どうして──線部(イ)『自分らしさ』についてなやんでいる人へのヒントになる」と思ったのかな。

太郎　個性について「いまの世の中の考え方」と「筆者が伝えたいこと」とで、対照的になっているから、なやみを解決するきっかけになると思ったんだ。

花子　いまの世の中では、個性は [C] と考えているのに、筆者は、個性を [D] も のと表しているよね。

太郎　そうか。花子さんの意見を本をしょうかいするときに必ず伝えよう。

---

(1)　読書好きな人のことを「本の虫」ということがあります。このように「虫」の字を使った人の様子や感情をたとえている表現や、ことわざ・慣用句のうち、「虫」で終わるものと「虫」から始まるものを一つずつ書きましょう。ただし、「本の虫」はのぞきます。

資料【言葉や言葉の使い方に関する自分自身の課題】

問い「あなたは言葉や言葉の使い方について、自分自身にどのような課題があると思いますか」

		(%)
A	改まった場で、ふさわしい言葉づかいができないことが多い	63.5
B	敬語（けいご）を適切に使えない	46.4
C	漢字で書くべきか仮名で書くべきか、適切に判断できない	27.1
D	自分とちがう意見や考え方を見聞きすると、つい感情的に反応してしまう	20.8
E	年れいがはなれた人に意味が通じるか気にせず発言してしまう	15.7
F	流行語や新しい言葉を使い過ぎてしまう	8.2
G	インターネットで、つい感情的な発言・反応をしてしまう	2.2

文化庁「令和3年度『国語に関する世論調査（ろん）』から作成」

課題2　次の資料は【言葉や言葉の使い方に関する自分自身の課題】を調査した項目（こうもく）の一部です。この資料にある項目の中で、あなた自身は言葉や言葉の使い方をより良くするためにどのようなことに気をつけたいですか。項目A～Gの中から一つ選び、そのアルファベットを□に書き、選んだ理由と、今後どのようなことに気をつけていきたいかについて、次の条件に合わせて具体的に書きましょう。

〈条件〉
○　書き出しの言葉に続けて二百字以内で書くこと。（、。や「」なども一字に数える。）
○　一マス目から書くこと。また、とちゅうで行を変えないこと。

私は　□　を選びました。なぜなら、

（140字／200字）

（2）【話し合いの様子の一部】を読んで、あなたが次郎さんならどのように話しますか。空らんAに入る内容を十五字以内で書きましょう。（、。や「」なども一字に数えます。）

A（15字）

（3）【話し合いの様子の一部】を読んで、あなたが花子さんならどのように話しますか。空らんB、C、Dに入る内容を書きましょう。ただし、空らんBは二十字以内、空らんCは三十字以内、空らんDは三十五字以内で書きましょう。（、。や「」なども一字に数えます。）

B（20字）
C（30字）
D（35字）

課題3　太郎さんたちは、地域の産業について、調べ学習を行っています。あとの会話文を読んで、（1）～（3）に答えましょう。

太郎：市役所のホームページには、漁業がこの地域を代表する産業だとしょうかいされていたけれど、ほかに情報を集めるよい方法はないかな。

花子：漁師さんに直接、話を聞いてみてはどうかな。

次郎：漁師さんに話を聞く前に、図書館で情報を集めて、漁師さんに質問することを考えようよ。私が地図を使って図書館まで案内するよ。

（国土地理院地図をもとに一部改変して作成）

（1）　あなたが次郎さんなら、どのように道案内しますか。次の条件をふまえて、右の地図中のアから図書館まで歩くコースを文章の書き出しの言葉に続けて書きましょう。

〈条件〉○ 進む方向は、方位を使って示すこと。また、進む方向が変わるときは、目印になる地図記号の建物の名前と進む方位を示すこと。
　　　　○ 進むきょりは、地図中の縮尺を使って、百の位までのがい数で示すこと。

※

地図中のアから

太郎：集めた情報をもとに、漁師さんに質問したから、たくさん話を聞くことができたね。

花子：漁師さんの「海と森林は深い関係がある」という言葉が印象に残ったよ。

次郎：図書館で見つけた資料1と資料2は、漁師さんの言葉とつながっているようだね。

（2）　海と森林の関係について、資料1と資料2から読み取ったことをそれぞれ書きましょう。また、資料1と資料2のそれぞれから読み取ったことをふまえて、森林が漁業にあたえるえいきょうについて、あなたの考えを書きましょう。

※

資料1から読み取ったこと

※

資料2から読み取ったこと

※

森林が漁業にあたえるえいきょう

資料1　川ごとの河口域※1に生息している絶めつ危ぐ魚種の数※2と流域※3が森林におおわれている割合

（国立環境研究所資料をもとに作成）

※1 河口域…川が海につながっている地域
※2 絶めつ危ぐ魚種の数…地球上からいなくなる危険性が高い魚の種類の数
※3 流域…川に水が流れこむはん囲

資料2

（海洋政策研究所資料をもとに作成）

太郎：新聞記事（資料3）に、森林を守るための森林環境税のことがのっていたね。

花子：森林を守るには、教科書で学習した資料4の状きょうも考えておく必要があるね。

次郎：森林環境税で集めたお金をどのように使うと森林を守ることにつながるかな。

資料3　新聞記事

森林環境税 使い道が問われる

森林を守るための新しい税が2024年度から導入される。一定の収入がある人を対象に、1人当たり年間千円をその他の税とあわせて集める「森林環境税」である。導入の背景の一つには、森林の手入れが行き届いていないことを原因とした土砂災害が相次いでいることがある。各市町村の森林整備にあてる※財源を安定的に確保し、対策を急ぐべきだと判断した。

森林を守るために有効な解決策は何か、長期的な視野に立って知恵をしぼりたい。

※財源…お金のでどころ

（3）　資料3の森林環境税で集めたお金をどのようなことに使い、その使い方によって何ができるようになると考えますか。資料4をふまえながら、具体的にあなたの考えを書きましょう。

※

資料4　日本国内の林業で働く人の数とそのうち65才以上がしめる割合

	林業で働く人の数	65才以上の割合
1985年	126,343人	10 %
1995年	81,564人	23 %
2005年	52,173人	27 %

（林野庁資料をもとに作成）

令和5年度

岡山県立中学校及び岡山県立中等教育学校　　適性検査Ⅰ

【注意】

・　この検査は，文章を読んで，太字で書かれた課題に対して，答えやあなたの考えなどをかく検査です。課題ごとに，それぞれ指定された場所にかきましょう。

・　検査用紙は，表紙（この用紙）をのぞいて，３枚あります。指示があるまで，下の検査用紙を見てはいけません。

・　「始め」の合図があってから，検査用紙の枚数を確かめ，３枚とも指定された場所に受検番号を記入しましょう。

・　検査用紙の枚数が足りなかったり，やぶれていたり，印刷のわるいところがあったりした場合は，手をあげて先生に知らせましょう。

・　検査用紙の ※ ☐ には，何もかいてはいけません。

・　この検査の時間は，４５分間です。

・　表紙（この用紙）と検査用紙は，持ち帰ってはいけません。

・　表紙（この用紙）の裏を，計算用紙として使用してもよろしい。

課題1　太郎さんと花子さんは，〇△クリーンセンターへ見学に行ったときの取材メモをもとに，ごみの処理について話し合っています。取材メモ1と取材メモ2を見て，次の（1）～（3）に答えましょう。

太郎：〇△市では，リサイクルがさかんであると言われていたね。
花子：令和4年度は，岡山県のリサイクル率の目標を達成したいとも言われていたね。

※　（1）　〇△市の令和3年度のリサイクル率は30％でした。〇△市が，岡山県のリサイクル率の目標と等しくなるには，1人あたり1日あと何gのごみをリサイクルすればよかったでしょうか。

1人あたり1日あと	g

花子：たくさんのごみを焼きゃくするのは大変な作業だよね。
太郎：効率よく焼きゃくするためには，どんなことが必要だったかな。

※　（2）　ふたのない空き缶の中に木を入れて燃やします。図1のように，側面の穴の位置だけがちがう2種類の空き缶を用意し，空き缶に入れる木の入れ方を変えるとき，木が最も勢いよく燃える組み合わせになるように，図1の①，②と，図2のア，イからそれぞれ1つずつ選びましょう。また，その組み合わせが最も勢いよく燃えると考えた理由を，「空気」という言葉を使って説明しましょう。

ここを開け，火をつけた後閉める
①　上　　②　下

図1　穴を開ける位置

木
ア　間をあけて入れる　　イ　すき間なく入れる

図2　木の入れ方

最も勢いよく燃える組み合わせ	と
説明	

取材メモ1　10月20日　　　　太郎

〈〇△クリーンセンターの特ちょう〉
・ごみの焼きゃく処理能力は，1日39トン。
・えんとつの高さは100m。ごみをよく燃やす働きがある。
・〇△市は，岡山県内でもリサイクルがさかんである。たくさんの資源ごみ（ペットボトル，ビン類など）を回収している。

〈ごみの量について〉
・令和3年度に〇△市で回収された1人あたりの1日のごみの量は960g。
・リサイクル率は，回収された全体のごみの量に対するリサイクルされた量の割合で計算できる。
・岡山県のリサイクル率の目標は33％。令和元年度の岡山県のリサイクル率は47都道府県中1位。

取材メモ2　10月20日　　　　花子

〈ペットボトルのリサイクルについて〉
・回収された空のペットボトルは，運びやすいように「ベール」という直方体の形におし固められる。
・〇△クリーンセンターでは，ベールはくずれないようにぴったり重ねて積み上げている。
・ベール1つの重さは約190kg。
・空の500mLのペットボトル1本の重さは30g。
・空の2Lのペットボトル1本の重さは50g。
・〇△クリーンセンターに持ちこまれる500mLのペットボトルの本数は，2Lのペットボトルの本数の5倍。
・ベールは細かくくだかれて，製品の原料になる。

1つのベール　　図3　ベールが積まれている様子

花子：大量のペットボトルが資源ごみとして運びこまれていたね。
太郎：積み上げられたすべてのベールには，おし固められた空のペットボトルが約8万本ふくまれているって言われていたけれど，そんなにあるようには見えなかったよ。
花子：メモにある情報をもとに，どのくらいの本数があるか確かめられないかな。

※　（3）　取材メモ2の図3は，ベールが積まれている様子をスケッチしたもので，1つの直方体が1つのベールを表しています。ベール1つの重さをすべて190kgとしたとき，図3のすべてのベールには，空の500mLと2Lのペットボトルがあわせて何本おし固められているか答えましょう。また，どのようにして求めたのかも説明しましょう。

説明	
	空の500mLと2Lのペットボトルがあわせて　　　本

課題2　次の（1）～（3）に答えましょう。

※（1）　図1は，ある日の夕方，西の空に見えた月の形です。また，図2は，教室の中で電灯の光をボールに当てて，その見え方から月の満ち欠けについて実験しているときの様子を天井から見たものです。観察する人から見てボールが図1の月の形に見えるのは，ボールを図2のア～クのどこにおいたときに近いか記号で答えましょう。

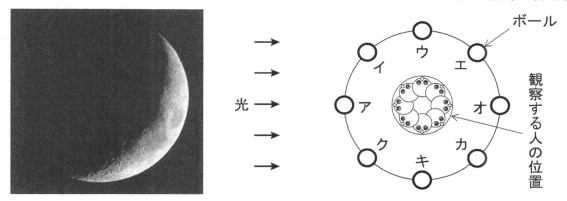

図1　西の空に見えた月の形　　　　図2　実験の様子

ボールの位置

※（2）　図3のような，ふりこAとふりこBをつくりました。ふれはばを同じにして，2つのふりこをそれぞれふるとき，1往復する時間はどのようになりますか。次のア～ウから選び，記号で答えましょう。また，そのようになる理由を具体的な数値を使って説明しましょう。
　　ア　ふりこAの方が1往復する時間は短い。
　　イ　ふりこBの方が1往復する時間は短い。
　　ウ　どちらのふりこも1往復する時間は同じになる。

図3　2つのふりこ

記号

説明

※（3）　ジュースの入ったコップに氷を入れ重さをはかると，はかりの表示は500gでした。そのまま室内にしばらく置いておくと，はかりの表示が変化していました。不思議に思った太郎さんは，時間とともに重さがどのように変化するかを調べるために氷水で実験することにしました。気温27℃の室内で，5分ごとに図4のはかり方で変化した重さを記録し，グラフにまとめました。図5は，はかり始めてからの時間と変化した重さの関係を表したグラフです。変化した重さが図5のグラフのようになった理由を答えなさい。ただし，氷はとけて水になってもその重さは変わりません。

図4　重さのはかり方

図5　はかり始めてからの時間と変化した重さの関係

説明

受検
番号

3※

課題3　次の（1）～（3）に答えましょう。

※

（1）　次のような計算プログラムがあります。計算結果が 20 となるとき元の数にあてはまる整数を<u>1つ</u>答えましょう。

───────── 計算プログラム ─────────

元の数　→ 3をかける →　□　→ 4をたす →　□　→ 一の位の数字を四捨五入する →　20

元の数にあてはまる整数

※

（2）　図1のような，一部が欠けている木材があります。この木材を何枚か
に切り分け，その中の5枚を使って，容積が 44 cm³ 以上になるふたのな
い直方体の容器をつくろうと思います。このとき，できる容器について，
【かき方の例】にしたがって切り分け方とその容積を1つ答えましょう。
ただし，木材を切り分けるときには点線にそってしか切れず，木材の厚
みは考えないものとします。

図1

【かき方の例】

切り分ける線は，
左のようにかく。

使わない部分には，
しゃ線を入れる。

切り分け方

できた容器の容積　　　　　　cm³

※

（3）　太郎さんと花子さんは，4月から12月までの毎月の図書館を利用した人数を調べ，4月から8月までをグラフ1に
表しました。次に，図書館を利用した人数の月ごとの割合を前の月をもとにして計算し，グラフ2とグラフ3を作成し
たところ，グラフ2にまちがいがあることに気づきました。グラフ2の点ア～エの中からまちがっている点を<u>すべて選
び</u>，記号で答えましょう。また，その記号を選んだ理由を，言葉や式を使って説明しましょう。さらに，12月に図書館
を利用した人数を答えましょう。

グラフ1
月ごとの図書館を利用した人数

グラフ2
前の月をもとにした図書館を利
用した人数の割合（5月から8月）

グラフ3
前の月をもとにした図書館を利
用した人数の割合（9月から12月）

記号

説明

12月に図書館を利用した人数　　　　　　人

令和五年度

岡山県立中学校及び岡山県立中等教育学校　適性検査Ⅱ

【注意】

・この検査は、文章や資料を読んで、太字で書かれた課題に対して、答えやあなたの考えなどをかく検査です。課題ごとに、それぞれ指定された場所にかきましょう。

・検査用紙は、表紙（この用紙）をのぞいて三枚あります。指示があるまで、下の検査用紙を見てはいけません。

・「始め」の合図があってから、検査用紙の枚数を確かめ、三枚とも指定された場所に受検番号を記入しましょう。

・検査用紙の枚数が足りなかったり、やぶれていたり、印刷のわるいところがあったりした場合は、手をあげて先生に知らせましょう。

・検査用紙の　※　には、何もかいてはいけません。

・この検査の時間は、四十五分間です。

・表紙（この用紙）と検査用紙は、持ち帰ってはいけません。

課題1　次の文章は、文学作品（詩・物語）を読む意味について書かれている『国語をめぐる冒険』の一部です。この文章を読んで、(1)から(3)に答えましょう。

コンフォート・ゾーン（comfort zone）という概念があります。心理学の用語で、コンフォート・ゾーンは快適、ゾーンは領域。自分にとって快適で慣れた環境をいいます。そこにいるとストレスがなくて楽。でも成長もない。そんな状況です。

人が成長するためには、少しだけ背伸びが必要です。その領域はストレッチ・ゾーンと呼ばれます。自分を拡張させる経験を繰り返して、少しずつ成長していくのです。

これは言葉にも当てはまります。使い慣れた言いかたで満足していると、伝える力は伸びないし、言葉の奥にある感情や思考にも気づけない。はじめての表現の手触りを確かめたり、あたりまえの言葉の底をのぞいたりしなければ、隠された宝物には出会えないということです。

そんなふうに言葉と四つに組んで格闘するうち、しっくりしなかったものが思いがけず腑に落ちたり、もっとふさわしい言いかたを見つけたりできるでしょう。その瞬間から、言葉がいきいきと動き出し、あなたの一部になるのです。

最後に、もう一つだけ大切なことをお伝えします。言葉を通して出会うのは、自分の心だけではありません。心のうつわを、より大きく、より深く、より豊かにするためには、他者の心を体験することも欠かせません。

それについて、詩人の荒川洋治さんの『読むので思う』の一節を紹介させてください。

本を読むと、何かを思う。本など読まなくても、思えることはいくつかある。だが本を読まなかったら思わないことはたくさんある。人が書いた作品のことがらやできごとはこちらには知らない色やかたち、空気、波長をもつ。いつもの自分にはない思いをさそう。読まないと、思いはない。思いの種類の少ない人になり、そのままに。

（荒川洋治『読むので思う』）

文学作品の登場人物は、時に驚くべき体験をします。自分の殻をやぶる冒険です。東国へと旅をする『伊勢物語』の男、メロスの行動に心打たれて改心する王、虎になって苦悩する李徴など、そのような主人公に自分のどこかが重なります。ほかの人はこう考えるのかと目を開かされます。文学を読むと、現実では遭遇できないことを深く体験できるのです。

荒川さんは「すぐれた文学作品は、想像と思考の力を授けてくれる。人の心をつくる。人間の現実にはたらきかける。

「文学は実学である」とぼくは思う（同書「文学談義」）とも言っています。（中略）

「文学は実学である」、たしかに、そう思います。長く読みつがれてきた名作は、表からも裏からも、広くも深くも読みこめる。読むたびに新しい発見がある。

冒険の勇者が旅をするのは、変化し続ける先の見えない世界。正解が一つではない場所で、自分を知り、その時々の状況にふさわしい答えを探しながら進んでいきます。そこで味方になるのは、身を守ったり、謎を解いたり、壁を壊したり、情報を得たり、現実を変えたり、七変化する言葉です。その武器をしっかり携えて、自分を鍛えあげていく。そうすれば、目の前に広がる世界がどんなものでも乗り越えていけるでしょう。

（平野多恵著「言葉で心を知る」『国語をめぐる冒険』所収　岩波ジュニア新書から）

*1　概念…考え方
*2　四つに組んで…正面から向き合って
*3　腑に落ちたり…納得できたり
*4　誘発…あることがきっかけとなって、ほかのことを引き起こすこと
*5　『伊勢物語』の男…平安時代の古典『伊勢物語』の主人公
*6　メロス…太宰治の小説『走れメロス』の主人公
*7　李徴…中島敦の小説『山月記』の主人公
*8　遭遇…思いがけず出会うこと

(1)　──「七変化」は二字熟語の上に一字の語を加えた漢字三字の熟語です。これと同じ構成の熟語のうち、一字の語に漢数字を使わない漢字三字の熟語を二つ書きましょう。ただし、「小学校」と「小道具」や、「小学校」と「中学校」のように、同じ語を二回使ってはいけません。また、「漢」「数字」「小」「学校」「道具」「中」も使ってはいけません。

(2)　──線部ア「でも成長もない」とありますが、「コンフォート・ゾーン」で人が成長しないのはなぜですか。書き出しの言葉に続けて、十五字以内で説明しましょう。（、や。や「」なども一字に数えます。）

快適で慣れた環境では、

15字

（3）この文章を読んだ太郎さんたちは、グループで話し合っています。次は、そのときの【話し合いの様子の一部】です。これを読んで、あなたが花子さんならどのように話しますか。空らんA、B、Cにその内容を書きましょう。ただし、空らんAは二十字以内、空らんBは二十五字以内、空らんCは四十字以内で書きましょう。（、や。や「」なども一字に数えます。）

【話し合いの様子の一部】

太郎 ——線部イ「隠された宝物には出会えない」とあるけれど、実際にはどうすれば、出会うことができるのかな。

次郎 「はじめての表現の手触りを確かめたり」や、「あたりまえの言葉の底をのぞいたり」と書かれているけれど、どういうことなのかな。

花子 今まで使ったことのない言葉を使ってみたりすることや、　A　ことだと思うよ。

太郎 そうだね。さらに、——線部ウ「文学は実学である」と書いてあるけれど、「実学」ってどういう意味かな。

次郎 辞書を引いてみると、実学とは「社会生活で実際に役立つ学問」と書いてあるよ。

太郎 なぜ、文学は社会生活の中で役に立つのかな。

花子 その理由は、文章から読み取れるよ。文学作品を読むことで、　B　に気づかされて、現実では出会えないことを深く体験できるよ。そして、　C　ことで、先の見えない世界を乗り越えていけるのだと思うよ。

太郎 そういうことか。だから、ぼくたちはこれからも色々な文学作品を読んでいく必要があるね。

A 二十字 （20字）

B 二十五字 （25字）

C 四十字 （40字）

課題2 あなたがこれまでに受けた教科の授業の中で、実際の生活場面で役立った学習内容は何ですか。また、それはどのように役立ちましたか。生活場面を一つ取り上げ、次の条件に合わせて具体的に書きましょう。

〈条件〉
○ ここでいう教科とは、国語・社会・算数・理科・音楽・図画工作・家庭・体育・外国語・道徳を指します。全ての教科を取り上げる必要はありません。
○ 二百字以内で書きましょう。（、や。や「」なども一字に数えます。）
○ 一マス目から書き、とちゅうで行を変えないで、続けて書きましょう。

（200字 / 100字）

受検番号	

課題3　太郎さんたちは，食料生産や工業生産について学んだことから，国内における貨物の輸送について調べ学習を行っています。あとの会話文を読んで，（1）〜（3）に答えましょう。

太郎：貨物の輸送手段別の割合を示している**資料1**を見つけたよ。輸送トン数は，輸送した貨物の重量を表しているよ。でも，輸送トンキロとは何だろう。

花子：調べてみると，輸送トンキロは，貨物の輸送の規模を表す目安として使われていて，**資料2**に示した式で計算したものだよ。

次郎：輸送トン数と輸送トンキロの割合を比かくすると，ちがいがあるね。

（1）　輸送トン数と輸送トンキロの割合を比かくすると，トラックと船の割合が大きくちがうのはなぜですか。その理由として考えられることを船による輸送に注目して書きましょう。

資料1　貨物の輸送手段別の割合（令和元年度）

輸送トン数			
トラック	鉄道	船	飛行機
91.8%	0.9%	7.2%	0.0%

輸送トンキロ			
トラック	鉄道	船	飛行機
52.9%	4.9%	42.0%	0.2%

（国土交通省資料から作成）

資料2　輸送トンキロの計算式

輸送した貨物の重量(t) × 輸送したきょり(km)

※ □

次郎：日本の1年間の平均気温が100年前より1℃以上高くなっているというニュースを見たよ。未来のために，地球温暖化対策の1つとして貨物の輸送を工夫できないかな。

太郎：貨物の輸送手段別の二酸化炭素はい出量を示した**資料3**から，二酸化炭素のはい出量を減らすことが考えられそうだね。

花子：**資料3**に加えて，トラックのハイブリッド車の台数の変化がわかる**資料4**も使って考えてみよう。

資料3　貨物の輸送手段別の二酸化炭素はい出量（令和2年度）

※g-CO₂/トンキロは，貨物1tを1km輸送するときにはい出する二酸化炭素の量。

（国土交通省資料から作成）

資料4　トラックのハイブリッド車の台数

※H：平成　R：令和
※トラックのハイブリッド車は，主に軽油で動くエンジンと電力で動くモーターを組み合わせて走行する。

（自動車検査登録情報協会資料から作成）

（2）　二酸化炭素のはい出量を減らすためには，貨物の輸送についてどのような工夫が考えられますか。資料3，4のそれぞれから読み取ったことを取り上げながら，あなたの考えを書きましょう。

※ □

太郎：身近な宅配便には，トラックが多く使われているね。

花子：宅配便は，家まで届けてもらえるから便利だけれど，トラックの走行きょりは長くなるね。

次郎：過そ化が進むE地区では，利用者が減少した路線バスの座席の一部を荷台にして，宅配便の荷物を輸送する計画があると聞いたよ。

太郎：トラックの走行きょりを減らすには，よい考えだね。

（3）　資料5は，E地区一帯の宅配便にかかわる情報をまとめたものです。現在，トラックは配送センターとE地区の間を1日に2往復して配達を行っていますが，午後便の荷物の輸送に路線バスを活用してトラックの走行きょりを減らすには，どうしたらよいと考えますか。資料5をもとに，次の条件をふまえて，具体的な配達方法を書きましょう。

資料5　E地区一帯の宅配便にかかわる情報をまとめたもの

【現在の配達方法など】
午前 9:00　配送センターを出発し，午前便の配達を開始する
午後 12:30　午前便の配達を終えて，配送センターにもどる
　　　　　　※午後便の荷物が，正午に配送センターに届くため
午後 2:00　荷物をのせて，午後便の配達を開始する
午後 5:10　午後便の配達を終えて，配送センターにもどる
○配達地域　E地区までの道中にある家やE地区の家
○配達に使うトラックの台数　1台

バス停E行き 路線バス時刻表	
バス停A発	バス停E着
午前10:30	午前11:00
午後 1:20	午後 1:50
午後 6:10	午後 6:40

〈条件〉○　路線バスは，バス停Aを始発，バス停Eを終着とし，バス停の位置とバスの出発時刻は変えられないものとします。
　　　　○　トラックが荷物を届ける時間帯は，午前便（9:00〜12:00），または午後便（2:00〜5:00）のどちらかに指定されているものとします。
　　　　○　配送センターからバス停Aの間は，E地区一帯の配達に使うトラックとは別のトラックで運ぶことができます。

※ □

令和４年度

岡山県立津山中学校　　適性検査Ⅰ

【注意】

・　この検査は，文章を読んで，太字で書かれた課題に対して，答えやあなたの考えなどをかく検査です。課題ごとに，それぞれ指定された場所にかきましょう。

・　検査用紙は，表紙（この用紙）をのぞいて，３枚あります。指示があるまで，下の検査用紙を見てはいけません。

・　「始め」の合図があってから，検査用紙の枚数を確かめ，３枚とも指定された場所に受検番号を記入しましょう。

・　検査用紙の枚数が足りなかったり，やぶれていたり，印刷のわるいところがあったりした場合は，手をあげて先生に知らせましょう。

・　検査用紙の ※□ には，何もかいてはいけません。

・　この検査の時間は，４５分間です。

・　表紙（この用紙）と検査用紙は，持ち帰ってはいけません。

・　表紙（この用紙）の裏を，計算用紙として使用してもよろしい。

受検 番号	

1※	2※	3※	※ ※70点満点 （配点非公表）

課題1 太郎さんと花子さんは，先日のお楽しみ会をふり返って話をしています。あとの（1）～（3）に答えましょう。

太郎：昼食はピザにしておいてよかったね。

花子：そうだね。みんながそれぞれ好きな大きさに切り取ることができたよね。

※

（1） 太郎さんたちは1枚の大きなピザを用意しました。太郎さんはそのピザから $\frac{1}{5}$ の大きさを切り取りました。そして花子さんは，残りのピザから太郎さんが切り取った大きさの半分の大きさを切り取りました。さらに進さんが，残りのピザから太郎さんが切り取った大きさの3倍の大きさを切り取りました。このとき，残っているピザの大きさは，はじめにあったピザの大きさの何倍になっているか答えましょう。

	倍

太郎：数字当てゲームはどうだった。

花子：カードに書かれている数字からいろいろなことがわかって楽しかったよ。

※

（2） ０，１，２，３，４，５，６，７，８の9枚のカードがあります。これらのカードを太郎さん，花子さん，進さんの3人に，それぞれ3枚ずつカードが余らないように配りました。その結果，表1のようなことがわかりました。このとき，3人が持っているカードの数字の組み合わせとして考えられるものを1つ選んで答えましょう。

表1 それぞれが持っているカードの数字からわかったこと

太郎	3つの数字がすべて偶数で，3つの数字の積が0になる。
花子	3つの数字の積が21の倍数で，3つの数字の和は奇数になる。
進	3つの数字の積の一の位の数字が0で，3つの数字の積を3でわるとわり切れる。

解答らん

太郎のカード			
花子のカード			
進のカード			

花子：お菓子や飲み物を午前中に買ってきてくれていたからよかったよ。

太郎：広告を事前に見ておいたから計画どおりの買い物ができたよ。

※

（3） 太郎さんは，1500円を持って自転車で買い物に出かけました。図1は2つの商店の広告で，図2は太郎さんの家，商店，ケーキ屋間のそれぞれの道のりを示したものです。太郎さんは午前10時に家を出て，商店ではスナック菓子を3袋とジュースを2本買い，ケーキ屋では300円のケーキを3個買ってその日の午前11時までに家に帰ってきました。このとき，買い物をした店の順番として考えられるものを1つ選んでAからDの記号で答えましょう。また，どのようにして求めたのかも説明しましょう。ただし，自転車は分速200mで一定の速さで走ったものとして，商店での買い物には15分，ケーキ屋での買い物には5分かかったものとします。また，買い物をしたときの消費税は考えないものとします。

商店Aの広告

定価
スナック菓子1袋 ・・・ 100円
ジュース1本 ・・・ 180円

本日のタイムセールは30分間！
午前10:00～10:30 の間に買い物をすませれば
全品定価の2割引き！

商店Bの広告

定価
スナック菓子1袋 ・・・ 120円
ジュース1本 ・・・ 200円

本日のタイムセールは30分間！
午前10:30～11:00 の間に買い物をすませれば
全品定価の30%引き！

図1

説明	

図2

太郎さんの家 →　　　　　→　　　　→ 太郎さんの家

課題2　太郎さんと花子さんが学校の行事でキャンプに来て話をしています。あとの（1）～（4）に答えましょう。

太郎：自分たちでご飯をつくるのが楽しみだね。
花子：ご飯をたくときは，計量カップでお米と水の量を調整しないといけないね。

※

（1）　ご飯をたくとき，お米と水の体積の比は5：6にする必要があります。お米を計量カップで300mLはかったとき，ご飯をたくには水は何mL必要ですか。

mL

太郎：ぼくの班のテントを張るスペースはここみたいだね。
花子：地面がぬかるんでいて使えない部分もあるよ。

※

（2）　図1はテントを張るスペースを表しており，このスペースは半円と正方形を組み合わせてできています。図1の色がついた部分は地面がぬかるんでいてテントを張ることのできない場所を示しています。テントを張ることのできる部分の面積を求めましょう。また，どのようにして求めたかも説明しましょう。ただし，円周率は3.14とします。

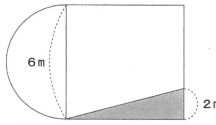
図1　テントを張るスペース

説明

m²

太郎：キャンプ場にある木材で，ものづくり体験もできるみたいだよ。
花子：私はキャンプのときに使える正六角形のテーブルをつくってみたいな。

※

（3）　解答らんの点は円の中心を表しています。定規とコンパスを使って，解答らんの円の円周上に頂点がくるような正六角形を作図しましょう。ただし，コンパスで引いた線は消さずに残しておきましょう。

解答らん

太郎：夜はテントで寝る班とロッジで寝る班に分かれるみたいだよ。
花子：荷物を置く場所を考えると，1つのロッジの床に何枚の敷布団を敷くことができるのかな。

※

（4）　図2のような正方形のロッジの床に，1枚がたて200cm，横80cmの長方形の敷布団を敷くことを考えます。図2の色がついた正方形の部分は荷物を置く場所を表しており，敷布団を敷くことができません。敷布団は最大で何枚敷くことができるか答えましょう。また，どのようにして求めたかも説明しましょう。説明に必要な場合は，解答らんの図に書きこみをしてもかまいません。ただし，敷布団は折ったり重ねたりして敷くことはできず，しわがないように敷くこととします。

図2　ロッジの床の広さ

説明

枚

3※

課題3　太郎さんと花子さんは公園で授業のことを思い出しながら話をしています。あとの（1）～
　　　（3）に答えましょう。

図1

太郎：日なたはあたたかくて過ごしやすいね。そういえば，かげの動きについて学習したね。
花子：どの場所ならこのあともかげの中に入らないで，日なたのままなのかな。

※

（1）　図1は木のかげができているようすを表していて，かげは北向きにできています。この日の日ぼつ
　　　までの間で，このあとも図1の木のかげの中に入らないベンチはA，Bのどちらか記号で答えましょ
　　　う。また，そのように考えた理由を，太陽の動く方位とかげのでき方を関連づけて説明しましょう。
　　　ただし，この日は晴れていて，太陽は雲にかくれることがなく，図1のベンチのかげは省略されてい
　　　るものとします。

説明	
	ベンチ

花子：ゴムの力で走る車について学習したね。
太郎：部品をいろいろと変えると，車が走るきょりはどんなふうに変わるのかな。

※

（2）　図2のような輪ゴムの力で走る車を2台つくって，部品のちがいによって走るきょりがどの
　　　ように変わるのか調べようと思います。車をつくるための部品のうち，選べる部品は図3にある，
　　　形がちがう車体，はばがちがうタイヤ，大きさがちがういすだけで，それぞれから1つずつ選ん
　　　でつくります。部品の種類と走るきょりにはどのような関係があるか，1種類の部品に着目して
　　　予想しましょう。また，その予想を確かめるために必要な部品を，2台それぞれについて図3
　　　のア～カの記号で答えましょう。ただし，車体の形，タイヤのはば，いすの大きさ以外の条件は
　　　2台ともすべて同じで，すべての部品は2台分用意されているものとします。

図2

予想	予想を確かめる2台の部品		
		車体	タイヤ	いす
	1台目			
	2台目			

すべての部品は2台分用意されています。
図3

太郎：ものの温まり方を学習したね。
花子：飲み物によって温まり方や冷め方にちがいがあるのかな。

※

（3）　コーンスープと水をそれぞれ温めたときと冷ましたときに，図4のように液体の上部と下部の温度をはかりました。図5は液体
　　　をビーカーの底から温めたときの温度変化，図6は液体を冷ましたときの温度変化を示しています。図5と図6のグラフから，水
　　　の温度変化の特ちょうと異なるコーンスープの温度変化の特ちょうを答えましょう。また，温めたときにそのような特ちょうにな
　　　る理由を説明しましょう。ただし，コーンスープにはトウモロコシなどのつぶは入っていないものとします。

図4　温度のはかりかた

図5　温めたときの時間と温度の関係

図6　冷ましたときの時間と温度の関係

特ちょう	説明

令和四年度

岡山県立津山中学校　適性検査Ⅱ

【注意】

・　この検査は、文章や資料を読んで、太字で書かれた課題に対して、答えやあなたの考えなどを書く検査です。課題ごとに、それぞれ指定された場所に書きましょう。

・　検査用紙は、表紙（この用紙）をのぞいて三枚あります。指示があるまで、下の検査用紙を見てはいけません。

・　「始め」の合図があってから、検査用紙の枚数を確かめ、三枚とも指定された場所に受検番号を記入しましょう。

・　検査用紙の枚数が足りなかったり、やぶれていたり、印刷のわるいところがあったりした場合は、手をあげて先生に知らせましょう。

・　検査用紙の　※　には、何もかいてはいけません。

・　この検査の時間は、四十五分間です。

・　表紙（この用紙）と検査用紙は、持ち帰ってはいけません。

課題1　次の文章を読んで、(1)から(4)に答えましょう。

科学は、病気を治す薬を発明したり絶滅危惧種を守ったり、世界そのものを変える力をもちます。一方、文学は、世界*1ぜつめつきぐしゅのとらえ方を変えるものです。

A

静寂は爆音である花吹雪
せいじゃく　ばくおん　　　　　はなふぶき

又吉直樹
またよしなおき

『芸人と俳人』
げいにん　はいじん

芥川賞作家の芸人・又吉直樹さんの俳句です（集英社文庫所収）。音もなく桜の花が散る、美しい光景です。しかし又吉さんは、その静寂を「爆音」だととらえました。静寂が正反対の爆音のように感じられるほど、圧倒的な孤独の中にいるのでしょうか。散る桜も狂気を帯びているようで、なおさら目が離せません。私はこの句を知ってから、静かな桜を見るたびに、聞こえない爆音を聞きます。
*3あくたがわしょう

B

もりあげてやまいうれしきいちご哉
*5かな

正岡子規
まさおかしき

『子規全集』
しきぜんしゅう

明治二十八年、病で生死の境をさまよい一命をとりとめた子規は、神戸の病院に入院していました。後輩の高浜虚子と河東碧梧桐は、看病のために毎日、近くの農園から苺を採ってきます。くだものが大好きな子規は、山盛りの苺を用意してもらえるのも病気になったおかげだ、病気は嬉しいものだなあ、と詠みました。ふつう、病気は嫌なものです。でも、子規はあえて、発想を変えて、逆境をも肯定してみせたのです。言葉の力で、逆境をも肯定してゆけるかもしれません。
*4しりつ
*9しえん
*6まさおかしき
*7こうてい

科学で解決できないことを前にしたとき、私の世界を言葉で変えるのが、俳句の力です。その力は、俳句を受け取った人の世界をも変えうるのです。

「俳」という字のつくりである「非」には、「そむく。逆の方へ向く」（『新漢語林 第二版』）という意味があります。あえて常識にそむき、違う考え方を採用してみることで、逆境をのりこえる力が生まれ、自分とは異なる他者への理解も深まります。
*8しんかんごりん

「こう考えてみたらどうだろう」と思考に角度をつけて、マイナスをプラスに変えてみましょう。俳句には、現代を生き抜くヒントがあります。過去の俳人たちは、言葉の想像力で、答えの出ない困難を乗りこえてきました。みなさんもまた、解決できない問題の、分断と混乱の時代へ漕ぎ出してゆくことになります。そのとき、俳句という詩の考え方を装備に加えておくことで、自分らしさを見失わず生きてゆけるかもしれません。

C

俳諧や木の実くれさうな人を友
はいかい　　　　み*10

正岡子規
まさおかしき

『子規全集』

木の実はたいした役に立ちませんが、心を灯します。受け取ったとき、ふと笑みがこぼれます。「俳諧」＝俳句とは、誰だっ*ウて作ることができる、あたたかい詩です。言葉を通して、他者と心を通わせる経験は、きっとみなさんの財産になります。

私たちはふつう、明日もあさっても、今日と同じ日は二度と来ないことに気づきます。でも、そんな保証はありません。それに、俳句をはじめると、今日と同じ日は二度と来ないことに気づきます。「おはよう」とあくびする友だちの寝ぐせ、朝焼けに染まる雲のかたち、朝ごはんのウインナーの焦げ、それらはすべて、今、この瞬間にしか存在しないものです。

今日がもし、世界最後の日だったら、なんでもない日々の風景も、一度っきりの今として、輝きだすでしょう。そのかけがえのない世界のかけらに心ときめくとき、あなたはもう、りっぱな俳人です。
（神野紗希著
こうのさき
『俳句部、はじめました――さくら咲く一度っきりの今を詠む』岩波ジュニアスタートブックスから）

*1絶滅危惧種…地球上から姿を消すことが心配されている生物。
*2俳人…俳句を作る人。
*3芥川賞…新人に与えられる文学賞。
*4所収…その本にとり入れられていること。
*5哉…感動の気持ちを表す言葉。
*6正岡子規…明治時代に俳人や歌人として活やくした人。
*7肯定…そうだとみとめること。
*8新漢語林…漢字辞典の一つ。
*9山積…山のようにたくさんたまること。
*10くれさうな…「くれそうな」の昔のかなづかい。

発

発

発

発

(1)
═ア「発明」、═イ「発想」のように、「発」を使った言葉はたくさんあります。「発」を使って、「発明」「発想」以外で、解答らんに当てはまるように漢字二字の言葉を作りましょう。ただし、「一」や「百」などの漢数字を使ってはいけません。また、同じ漢字も二回以上使ってはいけません。

（2）——ウの漢字について興味をもち、漢字辞典で調べることにしました。漢字辞典で調べるときは、「部首さく引」「総画さく引」「音訓さく引」の三つのさく引を利用することができますが、あなたはどのさく引を使って調べますか。三つのさく引の中から二つを選び、それぞれについて調べ方を具体的に書きましょう。

| 諧 | （　　）さく引 | （　　）さく引 |

（3）——「文学は、世界のとらえ方を変えるものです」とありますが、又吉直樹はＡの俳句において、正岡子規はＢの俳句において、何をどのようにとらえていると筆者は述べていますか。それぞれについて説明しましょう。

| A |
| B |

（4）筆者は、俳句とはどのようなものだと述べていますか。Ａ・Ｂ・Ｃの三つの俳句について書かれていることをふまえ、「俳句とは〜ものである。」という形に合わせて、八十字以内でまとめて書きましょう。（、や。や「　」なども一字に数えます。）

俳句とは

ものである。

課題2　これまでの体験の中で、あなたが勇気をもらったできごとや言葉はどのようなものですか。その時の体験にふれながら、その後の生活にどのように生かしているか、または、生かしていこうとしているかもふくめ、具体的に二百字以内で書きましょう。（、や。や「　」なども一字に数えます。段落分けはしなくてよろしい。一マス目から書き始めましょう。）

200字　　100字

80字

3※

課題3 太郎さんと花子さんは，日本の農業と気候について調べ，先生を交えて話し合いました。あとの会話文を読んで，（1）～（3）に答えましょう。

資料1　二毛作の1年間の作つけスケジュール

太郎：二毛作という言葉を聞いたので，どのようなものかインターネットで調べて**資料1**にまとめました。二毛作とは，**資料1**のように，1年間に米と小麦などの異なる2種類の作物を同じ耕地でさいばいすることです。

先生：それでは，二毛作はどのような地域でさかんに行われていると考えますか。

花子：二毛作のさかんな地域は，その地域の気候と大きな関係があると考えました。そこで，**資料2**の2つの都市の気温と降水量を比べてみました。

太郎：この2つの都市では，どちらで二毛作がさかんに行われているのだろう。

資料2　新潟市と佐賀市の月別平均気温と月別
平均降水量

新潟市　　　　佐賀市

（気象庁の資料から作成，1991年～2020年までの平均）

（1）　新潟市と佐賀市では，どちらの都市で二毛作がさかんに行われていると考えますか。資料1，資料2をもとに2つの都市の気候を比かくしながら，あなたの考えを書きましょう。

※

太郎：農業といえば，日本では弥生時代を中心に米づくりが始まったと学習しました。

花子：狩りや採集が中心だった生活が，米づくりが始まったことで大きく変わったようですね。

太郎：どのような変化があったのかを**資料3**にまとめました。**資料3**のようにお墓や矢じりに変化があったことがわかりました。

先生：なぜ，お墓や矢じりはこのように変化したのでしょうか。その理由を考えてみましょう。

資料3

	狩りや採集が中心の時代	米づくりが中心の時代
お墓	・住居の周りに小さいお墓が複数作られた	・小さなお墓に加えて，大きなお墓が作られた ・大きなお墓の周りに石やつぼがかざられた
矢じり	・大きさ：1～3cmほど ・材料：石 ・形状：うすくて軽い ・特ちょう：遠くまで速く飛ぶ	・大きさ：1～6cmほど ・材料：石や鉄などの金属 ・形状：厚くて重い ・特ちょう：深くささる

（あいち朝日遺跡ミュージアム資料，愛知県埋蔵文化センター紀要などから作成）

（2）　米づくりが中心になった時代に，お墓と矢じりに資料3のような変化がみられるのはなぜですか。変化した理由として考えられることを，それぞれについて米づくりと関連付けて書きましょう。

※	お墓	
※	矢じり	

先生：日本で米づくりがさかんになったのは，日本の気候と米の育つ条件が合っていたからですね。このように日本の気候や自然かん境は人々にめぐみをもたらす一方で，自然災害を起こし，ひ害をもたらすこともありますね。

太郎：学校では，地域の防災意識を高める取り組みを学習しました。

花子：災害に備えて，準備や対策をしておくことが大切ですね。私が住む地域では，今度，ひ難訓練をする予定です。ひ難訓練をしてみると，実際のひ難の時に困ることなどがわかるかもしれません。

（3）　花子さんは地域のひ難訓練に参加して，「ひ難行動要支えん者」（ひ難時にだれかの助けを必要とする人）への支えんが課題であることを知りました。「ひ難行動要支えん者」がどのような人か具体例を1つあげ，その人がどのようなことに困るか，また，その人に対して地域の人たちはどのような支えんができるか，あなたの考えを書きましょう。

※

令和３年度

岡山県立津山中学校　　適性検査Ⅰ

【注意】

・　この検査は，文章を読んで，太字で書かれた課題に対して，答えやあなたの考えなどをかく検査です。課題ごとに，それぞれ指定された場所にかきましょう。

・　検査用紙は，表紙（この用紙）をのぞいて，３枚あります。指示があるまで，下の検査用紙を見てはいけません。

・　「始め」の合図があってから，検査用紙の枚数を確かめ，３枚とも指定された場所に受検番号を記入しましょう。

・　検査用紙の枚数が足りなかったり，やぶれていたり，印刷のわるいところがあったりした場合は，手をあげて先生に知らせましょう。

・　検査用紙の ※ ▢ には，何もかいてはいけません。

・　この検査の時間は，４５分間です。

・　表紙（この用紙）と検査用紙は，持ち帰ってはいけません。

・　表紙（この用紙）の裏を，計算用紙として使用してもよろしい。

受検番号		1※	2※	3※	※
					（配点非公表）

課題1 太郎さんと花子さんは，的当て大会の計画をしています。あとの（1）～（3）に答えましょう。

太郎：的当て大会の参加賞を買いに行こう。
花子：一度家に帰ってから，お店で集合することにしましょう。

※

（1） 太郎さんは家からお店まで 0.8km の道のりを徒歩で行き，花子さんは家からお店まで 3.2km の道のりを自転車で行きました。徒歩の速さは時速4km，自転車の速さは時速12km です。このとき，太郎さんと花子さんが，家からお店まで行くのにそれぞれ何分かかるか答えましょう。

太郎	分	花子	分

太郎：参加賞のあめは袋に入れて分けておこうよ。
花子：1人分のあめを何個にしようかな。

※

（2） 太郎さんたちは，参加賞として，1人に1袋ずつあめを用意しています。1袋に6個ずつあめを入れると，用意した袋の $\frac{3}{5}$ を使い，あめが余る予定でした。しかし，参加者が12人増えることになったので，1袋に入れるあめの個数を5個ずつに変えました。用意した袋の $\frac{3}{4}$ にすべてあめを入れましたが，そのうち1袋だけあめが足りない袋がありました。このとき，増えた後の参加者の人数，用意したあめの個数と袋の枚数を答えましょう。また，どのように求めたのかも説明しましょう。ただし，あめの個数は考えられる個数の中から1つ選んで答えることとします。

説明		
増えた後の参加者 人	あめ 個	袋 枚

太郎：的当て大会を成功させたいね。
花子：4人で練習してみよう。

※

（3） 的当て大会では，図1のような的に3回ずつボールを投げ，当たった的にかかれている数字の合計を得点として競います。ボールを1回投げて2つ以上の的に同時に当たることはありません。太郎さん，花子さん，進さん，陽子さんの4人で練習すると，太郎さんは3回ともちがう数字の的に当てました。このとき，考えられる太郎さんの得点をすべて答えましょう。

図1

考えられる太郎の得点	

次に，資料1の会話に合うように，考えられる太郎さんの得点の中から1つ選び，太郎さん以外の3人の得点を1通り答えましょう。ただし，得点が高い人から順位が1位，2位，3位，4位となることとします。

資料1

花子「私は3回とも同じ的に当たったよ。全員得点はちがうね。」
進 「ぼくは1回的に当たらなかったけど，2位だったよ。」
陽子「私の得点は太郎さんの得点の1.5倍だったよ。」

選んだ太郎の得点	点

花子の得点	点
進の得点	点
陽子の得点	点

受検
番号

2※

課題2　太郎さんと花子さんがアルファベットの形について話をしています。あとの（1）～（4）に答えましょう。

太郎：卒業制作でちょうこく刀を使ってアルファベットの形をほったよ。
花子：ちょうこく刀を使うときには注意することがあったよね。

図1

※

（1）　図1はちょうこく刀（丸刀）を使って木材をほっているところです。図1の使用方法では危険（きけん）なところがあります。どこが危険なのかを説明しましょう。

太郎：「Y」のそれぞれのはしを結ぶと，三角形ができるね。

※

（2）　図2のあの部分の角度は何度になるか答えましょう。ただし，図2は直線ＡＢを対称（たいしょう）の軸（じく）とする線対称な図形であるとします。

度

図2

太郎：アルファベットの形を変えたり，組み合わせたりすることで，何かおもしろい図形はできないかな。
花子：「W」と「V」の形を少しくずして組み合わせると，変わった図形ができたよ。

※

（3）　図3は花子さんが考えた図形です。方眼の1めもりを1cmとするとき，図3の四角形ＣＤＥＨの面積を答えましょう。また，どのようにして求めたのかも説明しましょう。

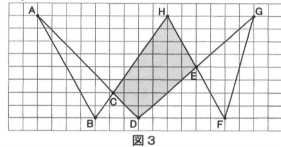

図3

説明

cm²

太郎：「T」の図形を立体でつくりたいな。
花子：立体の図形をつくるための展開図（てんかいず）を考えてみたよ。

※

（4）　図4のように，立体的な「T」の図形を2つのⒶとⒷの部分に分けて作ろうと思います。Ⓐの展開図は図5のようになります。図6はⒷを上下逆にし，各辺の長さを示したものです。Ⓑの展開図を図5と同じように，切る部分は——— 線で，折る部分は - - - - 線で解答らんにかきましょう。

解答らん

1 cm

1 cm

図4

図5

図6

2 cm
3 cm　3 cm
2 cm
2 cm
8 cm

受検
番号

3※

課題3　太郎さんと花子さんが理科室の実験器具について話をしています。あとの（1）～（3）に答えましょう。

太郎：豆電球に明かりをつけたいのに，豆電球のソケットがみつからないな。
花子：ソケットがなくても，工夫をすれば豆電球の明かりをつけることができるよ。

※

（1）　図1は，豆電球のソケットのしくみを表しています。右の解答らんの豆電球に，図2の2つを使って，豆電球に明かりがつくつなぎ方の図をかきましょう。ただし，使える導線の長さは自由に変えることができますが，切ることはできません。図は，定規を使わずにかいてもかまいません。

解答らん

図1

かん電池　1個　　導線　1本

図2

太郎：濃さのちがう食塩水を，なめること以外の方法で見分けることができるかな。
花子：実験器具を使うと，いくつかの方法で見分けることができると思うよ。

※

（2）　図3のように同じ大きさの容器に濃さがちがう食塩水AとBが入っています。濃い食塩水を見分ける方法を1つ考えて，どのような結果から濃い食塩水であると見分けられるのかを，食塩水A，Bと図4で示されているものを使って説明しましょう。ただし，食塩水A，Bと図4で示しているものについては，数や量はどれだけ使用してもかまいません。また，使用しないものがあってもかまいません。

食塩水A　　　食塩水B

図3

水　　　　　食塩　　　　　温度計　　　蒸発皿　　　メスシリンダー

電子てんびん　　ビーカー　　　アルコールランプセット

図4

説明

花子：ご飯をたく前に，米に水を吸水させるとふっくらしたご飯になると教えてもらったよ。
太郎：吸水させる時間は何分ぐらいにすればいいかな。

※

（3）　図5は，米が吸水したようすを表したものです。図6は，米の吸水量と浸水時間の関係を示したものです。夏は30分程度の浸水でよいといわれていることから，冬は何分程度浸水させるとよいか，答えましょう。また，その理由を図6のグラフをもとに具体的な値を使って説明しましょう。

浸水0分

浸水150分

図5

図6　米の吸水量と浸水時間のグラフ

説明

分程度

令和三年度

岡山県立津山中学校　適性検査Ⅱ

【注意】

・この検査は、文章や資料を読んで、太字で書かれた課題に対して、答えやあなたの考えなどを書く検査です。課題ごとに、それぞれ指定された場所に書きましょう。

・検査用紙は、表紙（この用紙）をのぞいて三枚あります。指示があるまで、下の検査用紙を見てはいけません。

・「始め」の合図があってから、検査用紙の枚数を確かめ、三枚とも指定された場所に受検番号を記入しましょう。

・検査用紙の枚数が足りなかったり、やぶれていたり、印刷のわるいところがあったりした場合は、手をあげて先生に知らせましょう。

・検査用紙の　※　には、何もかいてはいけません。

・この検査の時間は、四十五分間です。

・表紙（この用紙）と検査用紙は、持ち帰ってはいけません。

①※	②※	1※	2※	3※	※ （配点非公表）	受検 番号

課題1　次の文章を読んで、（1）から（4）に答えましょう。

わたしたちは毎日、いろいろなものを読んでいます。物語や説明文、伝記などを読みます。また、算数や理科の授業では、教科書を読みます。国語や道徳の授業では、物語や説明文、伝記などを読みます。しかし、わたしたちが読むものはこれだけではありません。例えば、学校の授業では、図形や式、グラフなどの資料を読むこともあるでしょう。

書かれたものを読み、内容を理解する力を「読解力」といいます。以前は文章を読むときに使う言葉だという印象がありましたが、最近では文章に限らず「資料」の読み取りなどもふくめて、広い意味で使われるようになってきました。小説の主人公の気持ちを読み取るときにも、複数のグラフから問題点を考えるときにも「読解力」が必要だということです。このような「読解力」について、長年、中学校や高等学校で国語を教えてきた村上慎一さんは、著書の中で次のように述べています。

しかし、わたしたちが読むものはこれだけではありません。友だちからもらった手紙、新聞やインターネットのニュース、あとに示した「クリーン作戦の案内文」のようなものもあります。そして、その内容を理解しながら、わたしたちは生活しています。

「言葉をみがき、精密な運用を目指す「国語」という教科は、「人生」のすぐ近くにある。「なぜ国語を学ぶのか」という問いへの答えは、シンプルである。よりよい人生、より豊かな生のために学ぶのである。

その思いは、今も変わらない。ひとは、言葉以外のもので思考できない。ひとが言葉で生きる存在である以上、言葉の精密な運用は人生に直接かかわると思う。

「国語」という教科の推進力は「読解力」だという思いの延長線上には豊かな生への思いがある。

「読解力」は、「読むこと」だけに働くわけではない。「聞くこと」はもちろん、「話すこと」「書くこと」のベースには「読解力」がある。「読解力」とは、言葉の表現者の意図を読み取るには、表現者の立場や心情に対する想像力が求められる。読解力とは想像力、思考力の鍛錬である。

私が「国語」という教科で求めてきた「読解力」とは別の「読解力」が話題になることが多くなったという気がする。言葉は「読解力」で同じだが、大きな違いがある。これまで国語で学ぶことをしてきた「読解力」が「人生」に直接かかわるものであったのに対し、昨今話題の「読解力」は「生活」にかかわるものにみえる。たとえば、「実用的な文章」の読み取り、図や表といった「資料」の読み取りなどを、おろそかにしてはいけないのだと思う。これらの読み取りが必要だとして、どのようにその「読解力」を鍛えたらよいのだろう。すでに「実用的な文章」の読み取りや「資料」の読み取りを自分のものにしている人がどのようなプロセスを経てそれらの読み取りを自分のものにしたかを考える必要がある。

ここでは「読解力」が大きく二つに分類されています。そして、それぞれの「読解力」には違いがあると村上さんは考えています。わたしたちが生きていく上で、「読解力」は欠かせません。二つの「読解力」を身につけることで、よりよい人生、より豊かな生を手に入れることができるのではないでしょうか。

（村上慎一著「読解力を身につける」岩波ジュニア新書　前書きより　出題のために一部改めた所があります。）

*1　ベース・・・土台、基本
*2　鍛錬・・・きたえること
*3　昨今・・・このごろ
*4　プロセス・・・物事を進める順序

「クリーン作戦の案内文」

　　　　　　　　　　　　　　令和〇年〇月〇日
△△町内会のみなさま

　　　　　　　　　□□□市立△△小学校
　　　　　　　　　児童会長　岡山　太郎

　　　　△△小学校区クリーン作戦のご案内

　<u>新緑がまぶしい季節になりました。</u>みなさま、いかがお過ごしでしょうか。
　さて、今回私たち△△小学校児童会では、学区のクリーン作戦を計画しました。
　△△町内会のみなさまにも、この活動に協力していただければと思っています。参加できる方は次のとおり、お集まりください。

　| たくさんの人の参加を待ってます。 |

　　　　　　　　　記

1　日　時　令和〇年11月〇日（土）午前9時～午前11時
2　場　所　△△公園

（1）　「クリーン作戦の案内文」について、次の①、②の問いに答えましょう。

①　クリーン作戦は11月に行われるため、この案内を10月に配布することにしました。点線部分「新緑がまぶしい季節になりました。」を季節にふさわしい文に書き直しましょう。

| |

②　文中 □ 部分の「たくさんの人の参加を待ってます。」を、敬語を使った文に書き直しましょう。

| |

（2）——ア「これ」が指す内容を十字以内で書きましょう。

（3）——イ「言語のレベルと思考のレベルは比例する」とは、どういうことですか。別の言葉に言いかえて、三十五字以内で書きましょう。（、や。や「」なども一字に数えます。）

（4）——ウ「それぞれの『読解力』には違いがある」と村上さんが考える理由を、文章中の言葉を使って説明しましょう。次の文の書き出しに続けて、解答らんに八十字以内で書きましょう。（、や。や「」なども一字に数えます。）

「生活」の役に立つ「読解力」は、実用的な文章や資料を読み取る力で、すでにその力を習得した人の読み取るプロセスをたどりながら鍛える必要があるのに対して、

課題2　フランスの作家、サン・テグジュペリ作『星の王子さま』に「大切なものはね、目には見えないんだよ。」という言葉があります。また、視覚と聴覚に障がいがありながらも障がい者の教育や福祉の発展につくしたヘレン・ケラーは、「世界で最もすばらしく、最も美しいものは、目で見たり手でふれたりすることはできません。それは、心で感じなければならないのです。」という言葉を残しています。あなたが考える「目に見えない大切なもの」は何ですか。あなたの体験にふれながら、理由とともに二百字以内で書きましょう。段落分けはしなくてよろしい。一マス目から書き始めましょう。

（、や。や「」なども一字に数えます。）

100字

200字

課題3　太郎さんと花子さんは，くらしの中のさまざまな情報や生活の変化について，先生を交えて話し合いました。あとの会話文を読んで，（1）～（3）に答えましょう。

資料1　2013年と2018年における年代別テレビ・インターネットの平日1日当たりの利用時間の変化

（総務省資料から作成）

先生：世の中には多くのメディアが存在します。みなさんはテレビやインターネットをどのくらい利用しているのでしょうか。資料1を見てみましょう。

太郎：グラフの矢印には，どんな意味があるのかな。

花子：10代から60代までのそれぞれの年代について，テレビを見る時間とインターネットを利用する時間の変化が分かるのではないかな。

先生：そうですね。ではこの資料を見て，10代から60代までの6つの年代について，利用時間が5年間でどのように変化したかを考えてみましょう。

（1）　テレビを見る時間とインターネットを利用する時間について，資料1の6つの年代を変化の特ちょうによって大きく2つのグループに分けたいと思います。あなたならどのようなグループに分けますか。分けた理由もふくめて書きましょう。

※

先生：商品やサービスを提供する会社は，自社の商品に関する情報を届ける手段の一つとして広告を利用します。ここに1990年と2020年の新聞があります。この2つの新聞にある広告の内容を項目ごとに分けてグラフにすると，何か気付くことがありますか。

太郎：30年間で新聞広告の内容が大きく変わっています。1990年は，自動車や住まいに関するものが多いですが，2020年では，健康や医療に関するものが多くなっています。

花子：この30年間で新聞広告の内容が変化した理由は何かな。

資料2　新聞広告の内容

1990年5月18日（金）の朝刊　　2020年5月15日（金）の朝刊

※紙面に掲載されたすべての広告に対する面積比による。

（朝日新聞縮刷版から作成）

（2）　資料2を見ると，30年間で新聞広告の内容が変化しています。「世代」という言葉を必ず用いて1990年と2020年の特ちょうを比べながら，変化した理由として考えられることを書きましょう。

※

先生：現在，さまざまなメディアを通じて多くの情報を得るだけでなく，自分たちで情報を発信することもできる時代になりました。そのことで，社会とわたしたちの関係はどのように変わったのでしょうか。

太郎：例えば，自分の意見や良さを発信する機会が少なかった人でも，積極的に発信できる機会が増えてきていると思います。

花子：つまり，情報化が進むことで，これまでよりも社会との関わりを強めることができるようになったということですね。

（3）　これまで自分の意見や良さを社会に向けて発信する機会が少なかった人が，情報化が進むことによって積極的に発信し，社会との関わりを強めることができるようになった例としてどのようなものがありますか。解答らんの　ア　には，発信する機会が少なかった人を，　イ　には，発信した内容と，発信したことで社会との関わりを強めることができるようになった例を書きましょう。

ア		人が，情報化が進むことによって
※ イ		

令和２年度

岡山県立津山中学校　　適性検査Ⅰ

【注意】

・　この検査は，文章を読んで，太字で書かれた課題に対して，答えやあなたの考えなどをかく検査です。課題ごとに，それぞれ指定された場所にかきましょう。

・　検査用紙は，表紙（この用紙）をのぞいて，３枚あります。指示があるまで，下の検査用紙を見てはいけません。

・　「始め」の合図があってから，検査用紙の枚数を確かめ，３枚とも指定された場所に受検番号を記入しましょう。

・　検査用紙の枚数が足りなかったり，やぶれていたり，印刷のわるいところがあったりした場合は，手をあげて先生に知らせましょう。

・　検査用紙の　[※　　　]　には，何もかいてはいけません。

・　この検査の時間は，４５分間です。

・　表紙（この用紙）と検査用紙は，持ち帰ってはいけません。

・　表紙（この用紙）の裏を，計算用紙として使用してもよろしい。

受検番号		1※	2※	3※	※（配点非公表）

課題1 太郎さんと花子さんは，冬休みに本について話をしています。あとの（1）～（3）に答えましょう。

太郎：もうすぐお正月だね。来年はたくさん本を読みたいな。

花子：習慣が大切だね。次郎さんは，年が明けたら毎日必ず15ページずつ本を読むつもりだと言っていたよ。

※

（1） 次郎さんは全部で320ページある本を，1月1日から読むことにしました。毎日15ページずつ読むとすると次郎さんがこの本を読み終えるのは何月何日になるか答えましょう。

月	日

太郎：冬休み中は時間もたっぷりあるから，しっかり本が読めるね。最初の2日間だけでも，かなり読めたよ。

花子：私もたくさん読んでいるよ。

※

（2） 表1は本A，B，Cそれぞれのページ数を表しています。太郎さんは冬休みの1日目に本A全体のページ数の $\frac{1}{4}$ を，2日目に本Aの残りのページ数のうちの $\frac{4}{9}$ を読み終えました。花子さんは冬休みの1日目に本Bのすべてのページを，2日目に本C全体のページ数の 40% を読み終えました。冬休みの最初の2日間で，太郎さんと花子さんはそれぞれ本を何ページ読んだか答えましょう。

表1　本のページ数

本	ページ数
本A	396
本B	138
本C	215

太郎さんは　　　　　　　ページ，花子さんは　　　　　　　ページ読んだ

太郎：街の図書館では，本の整理をするようだよ。本を新しい本だなに移しかえたりもするよ。

花子：本の横にすき間ができないように並べるには，何段でどんな横はばの本だなが良いかな。

背表紙　本　厚さ

※

（3） 現在，図1のような3段の本だなに，表2の厚さの本D，E，Fが，表3に示す並び方で，背表紙が手前に見えるように立てて置かれています。これらの本を，段数が10段以下で，横はばが150cm以下の本だなにすき間なく並べようと思います。何段で，横はばが何cmの本だなを用意すればよいか1つ答え，どのようにして求めたかも説明しましょう。また，そのときの本の並べ方の例を，説明のわくの中にある表に書きましょう。なお，本は1段目から順番に並べ，本だなの板の厚さは考えないものとします。表の書き方は表3を参考にし，使わない段にはすべて「0」を書きましょう。

図1　本だな（3段目／2段目／1段目　横はば）

説明		本の冊数		
		本D	本E	本F
	10段目			
	9段目			
	8段目			
	7段目			
	6段目			
	5段目			
	4段目			
	3段目			
	2段目			
段で，横はばが　　　　cmの本だな	1段目			

表2　本の厚さ

本	厚さ
本D	2cm
本E	3cm
本F	5cm

表3　現在の本の並び方

	本の冊数		
	本D	本E	本F
3段目	45	33	0
2段目	72	0	9
1段目	0	48	9

課題2　太郎さんと花子さんが冬休みの出来事について話をしています。あとの（1）～（4）に答えましょう。

花子：冬休みにきいた曲をリコーダーでふいたよ。楽譜の音符どおりにふくのはむずかしかったよ。

※ | |

（1）　右の楽譜は花子さんがリコーダーでふいた楽譜の最初の2小節です。アとイの音符について，アはイの何倍の長さでふけばよいでしょうか。

　　　　　　　　倍の長さ

太郎：たこあげをして遊んだよ。今度自分で考えた形のたこを作ろうと思っているよ。

※ | |

（2）　太郎さんは，図1のように点線より上のAの三角形を二等辺三角形で，下のBの三角形を正三角形にしたたこを考えました。太郎さんが考えた形を解答らんにAの部分までかきました。Bの部分を定規とコンパスを利用して解答らんにかきたしましょう。ただし，コンパスの線は消さずに残しておきましょう。

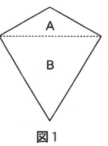

図1

解答らん

花子：お正月には初もうでに行って，おみくじを引く人もいるみたいだね。六角柱のつつから数字が書かれているくじを引いた後に，その数字の書いてある引き出しからおみくじの札を受け取っているのを見たよ。
太郎：そのつつの底面は六角形だね。学校で六角形の頂点から線を引くといろいろな形ができることを学んだよ。

※ | |

（3）　図2は，六角柱のつつの底面を正六角形ABCDEFとして表し，頂点どうしを線で結んだものです。図2の色がついた部分の三角形の面積が5 cm²のとき，正六角形ABCDEF全体の面積は何 cm²になるか答えましょう。

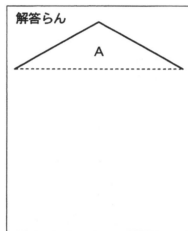

数字が書かれたくじ　　おみくじの札

六角柱のつつ

図2

　　　　　　　　cm²

太郎：ぼくもおみくじを引いたことがあるよ。おみくじの札は折って，決められた場所に結んで帰ったよ。
花子：わたしが見た人も同じようにしていたよ。家にあった折り紙を同じようにして折ってみたよ。

※ | |

（4）　図3は花子さんが折り紙を使って作ったものを表しています。図3のA，B，C，D，Eを頂点として結んでできる図形が正五角形になっているとき，図3のあの角度は何度になるか答えましょう。また，どのようにして求めたかも説明しましょう。なお，必要があれば説明のわくの中にある図を使ってもよろしい。

図3

説明

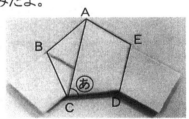

　　　　　　　　度

3※

課題3　太郎さんと花子さんが秋の空を見ながら話をしています。あとの（1）～（3）に答えましょう。

太郎：明日の遠足は晴れるといいね。空の様子を見て，次の日の天気を予想することはできるのかな。
花子：<u>太陽の方向に雲がなく夕焼けがきれいに見えると，次の日の朝は晴れることが多いはずだよ。</u>

※

（1）　太郎さんと花子さんの会話で，花子さんが_____のように考えた理由を，夕焼けが見える方角と天気の
移り変わりを関連付けて説明しましょう。

説明

太郎：てるてるぼうずが風で左右にゆれている様子は，ふりこの動きに似ているね。
花子：ふりこについては理科の授業で学習したけど，ふりこのふれ方には何かきまりがあったよね。

※

（2）　図1のように，糸におもりを取り付けて，点Pを支点としたふりこを作
りました。おもりをある高さまで持ち上げて手をはなしたとき，このふり
この1往復する時間は4.0秒でした［実験1］。次に，点Pの真下の点Aに
くぎを固定し，実験1と同じ高さからおもりをはなすと，1往復する時間
は3.4秒でした［実験2］。最後に，おもりをはなす高さは変えず，くぎ
の位置を図2の点Bまたは点Cの位置に変えることで，1往復する時間
を4.0秒よりも短く，3.4秒よりも長くしたいと思います［実験3］。
　このとき，点Bまたは点Cのどちらにくぎを固定すればよいかを選び，
選んだ理由を「ふりこの長さ」にふれながら説明しましょう。ただし，
点Pから点A，B，Cまでのきょりはそれぞれ等しくなっています。
また，点B，Cのどちらにくぎを固定した場合でも，糸はくぎにふれるものとします。

図1　実験1，2のようす

説明

点（　　　）

図2　実験3のようす

太郎：明日の気温も気になるね。温度計は，温度による物質の体積のちがいを利用したものだったよね。
花子：理科の授業でいくつかの物質の温度による体積の変化について学習したよ。

※

（3）　図3のように，試験管Aには水を，試験管Bには金属球と水を入れ，ガラス管のつい
たゴムせんをしました。試験管Cには，試験管の半分の高さまで水を入れた後，少量の
水を入れたガラス管のついたゴムせんをしました。
　このとき，試験管内の温度はすべて10℃で，試験管AとBの水面の位置と，試験管C
の少量の水がある位置が，図3の ----- の高さでそろっていました。
　次に，試験管A，B，Cのゴムせんよりも下の部分全体を，すべて同時に60℃のお
湯につけました。1分後のガラス管内のようすを正しく表したものを下の①～⑥から
1つ選び，選んだ理由を説明しましょう。なお，図3のゴムせんは中のガラス管が見
えるようにかかれています。

図3　実験のようす

説明

正しく表したもの（　　　）

令和二年度

岡山県立津山中学校　適性検査Ⅱ

【注意】

・　この検査は、文章や資料を読んで、太字で書かれた課題に対して、答えやあなたの考えなどを書く検査です。課題ごとに、それぞれ指定された場所に書きましょう。

・　検査用紙は、表紙（この用紙）をのぞいて三枚あります。指示があるまで、下の検査用紙を見てはいけません。

・　「始め」の合図があってから、検査用紙の枚数を確かめ、三枚とも指定された場所に受検番号を記入しましょう。

・　検査用紙の枚数が足りなかったり、やぶれていたり、印刷のわるいところがあったりした場合は、手をあげて先生に知らせましょう。

・　検査用紙の　※　には、何もかいてはいけません。

・　この検査の時間は、四十五分間です。

・　表紙（この用紙）と検査用紙は、持ち帰ってはいけません。

課題1　次の文章を読んで、あとの⑴から⑷に答えましょう。

見えない人がスポーツをする際にも、イメージが大きな力を持つ場合があります。

葭原さんが二十二歳で見えにくくなって最初にやったスポーツは、陸上の走り高跳びでした。一瞬ごとに変化する状況に応じるサーフィンのようなスポーツと違って、走り高跳びの場合は、ア自分がどのように跳ぶか、そのイメージを事前に完全に作っておき、その通りに跳びます。地元の試合だろうが、パラリンピックだろうが、いつだって同じ「頭の中のバー」を跳ぶのです。いわゆる「イメージトレーニング」のようなもの、環境だけでなく自分の動きを含めたイメージの中に*1没入するのです。

具体的には、とくに助走のイメージが重要です。見える人の場合、ジャンプの*2成否を決める要因の中で助走が占める割合は六割と言われます。ところが見えない人になると、これが八〜九割になる。しかも歩数が短く二、三歩程度しかありません。葭原さんは少し見えていたのでもっと長い距離を助走していましたが、*3全盲だと長くても五歩程度だといいます。

この数歩をどのようにこなしたらいいか。ベストな*4フォームをひたすら筋肉に覚え込ませるのです。助走の動きを*5シミュレーションしてそのとおり動けるようにすることが、見えない人にとっての走り高跳びの練習です。「バーを跳ぶ」という目標に向かうのではなく、その過程での体の動きを作る。それはどこかダンスにも似ています。完璧なダンスが踊れると、その結果としてバーがクリアできるわけです。

もちろん、スポーツは勝負事ですから、*6パスするかどうかの駆け引きなど現場で対応しなければならない要素もあります。しかし、「跳ぶ」という肝心の行為に関しては、頭の中にあらかじめ作ったイメージに徹底的に集中することが重要なのです。恐怖心は、対応できない*7偶発事が起こるかもしれないという*8ネガティブな予期から生まれます。偶発事を排除した揺るがないイメージに没入することができれば、恐怖心は生まれません。視覚がないぶん、不必要な情報に振り回されることがないからです。広瀬さんは、こうした集中力の高さは、武道においても役立ったといいます。

たとえば居合道では、頭の中にイメージした敵に向かって、刀を振り下ろします。イメージされたものに体を合わせていく力は、見えない人の方が強いのかもしれません。

こうしたイメージへの没入は、見えない人の方がかえって得意とすることかもしれません。

障害と無関係な人はいません。誰しも必ず年をとります。年をとれば、視力が落ちる、耳が遠くなる、膝が痛む……等々、多かれ少なかれ障害を抱えた身体になるからです。

ウ日本はこれから、どの国も経験したことのないような*9超高齢化社会に突入します。さまざまな障害を持った人が、さまざまな体を駆使してひとつの社会をつくりあげていく時代。つまり高齢化社会になるとは、身体多様化の時代を迎えるということでもあります。医療技術や工学技術の発展も、この多様化を加速する要因でしょう。

そうなると、人と人が理解しあうために、相手の体のあり方を知ることが不可欠になってくるでしょう。異なる民族の人がコミュニケーションをとるのに、その背景にある文化や歴史を知る必要があるように、これからは、相手がどのような体を持っているのか想像できることが必要になってくるのです。

（伊藤亜紗著　『目の見えない人は世界をどう見ているのか』光文社新書から）

*1　没入・・・一つのことに集中すること。
*2　成否・・・成功するかしないか。
*3　全盲・・・両目の視力を失った状態のこと。
*4　フォーム・・・スポーツなどの動きの姿勢のこと。
*5　シミュレーション・・・実際の動きをまねて、同じように行うこと。
*6　バス・・・走り高跳びで自分の順番を飛ばすこと。
*7　偶発事・・・偶然に起こったできごと。
*8　ネガティブ・・・否定的なさま。
*9　超高齢化社会・・・総人口のうち、高齢者の割合が非常に高くなっている社会のこと。

⑴　――「想像」は「そうぞう」と読みますが、同じ読み方で別の漢字を使った熟語に「創造」があります。このように、別の漢字を使いながら、同じ読み方をする熟語を二つ考え、それぞれの熟語を使って文を作りましょう。「感心」と「関心」のように、一字違いの熟語でもかまいません。ただし、「想像」「創造」「感心」「関心」を使って文を作ってはいけません。

熟語	文

受検番号 ※

(2) ——ア「自分がどのように跳ぶか、そのイメージを事前に完全に作っておき」とありますが、そうすることで跳ぶときにどんな良いことがあると筆者は考えていますか。五十字以内で書きましょう。（、や。や「」なども一字に数えます。）

※ 50字

(3) ——イ「見えない人」とありますが、私たちの社会には、目の見えない人や見えにくい人にとって助けになるものや工夫がたくさんあります。点字ブロックやめがねは、その代表的なものです。この他に、あなたの身の回りにあるものや工夫を一つ挙げて、どのように目の見えない人や見えにくい人の助けになっているかを説明しましょう。

※

(4) ——ウ「日本はこれから、どの国も経験したことのないような超高齢化社会に突入します」とありますが、超高齢化社会では、どのようにすることが求められていると筆者は考えていますか。なぜそう考えているのかもふくめて、解答らんの外のことばに合うように六十字以内で書きましょう。（、や。や「」なども一字に数えます。）

※ 60字

ことが求められていると考えている。

課題2 授業で、小学校生活をふり返る内容のカルタを作ることになりました。あなたならどのような読み札を作りますか。【例】のように、読み札に書くことばを十字以上、二十字以内で考えて書き、そのことばにした理由を、具体的な体験にふれながら、二百字以内で説明しましょう。（、や。や「」なども一字に数えます。段落分けはしなくてよろしい。一マス目から書き始めましょう。）

【例】 毎日の楽しみだった給食時間

《読み札に書くことば》 10字

2※

※

20字

200字 100字

受検
番号

3※

課題3　太郎さんと花子さんは授業でごみ問題について先生と話をしました。
　　　あとの（1），（2）に答えましょう。

太郎：最近，プラスチックごみのことが問題になっていますね。

花子：プラスチックは軽くて丈夫だけど，自然に分解されないものもあるから困ると聞きました。プラスチックはどのように作られているのですか。

先生：プラスチックは石油を原料として石油化学コンビナートなどで作られています。

資料1　工業生産額のうちわけ（2016年）

瀬戸内工業地域
（岡山県・広島県・山口県・香川県・愛媛県）

関東内陸工業地域
（埼玉県・群馬県・栃木県）

（日本国勢図会 2019/20 から作成）

資料2　工業地域と石油化学コンビナートの分布

●：石油化学コンビナート所在地

関東内陸工業地域

瀬戸内工業地域

（日本国勢図会 2019/20 から作成）

（1）　資料1と資料2を関連させて，関東内陸工業地域とくらべた瀬戸内工業地域の特色を，解答らんの書き出しに続けて説明しましょう。

※

瀬戸内工業地域は

先生：では，プラスチックごみはどのように処理されているのでしょうか。

花子：リサイクルされていると思います。

先生：リサイクルとは「再資源化」のことですね。それではプラスチックのリサイクルはどのように行われているのか，調べてみましょう。

資料3　街にある施設

スーパーマーケット　市役所　せいそう工場

（2）　プラスチックのリサイクルの取り組みについて調べるために，街に取材に出かけました。

ア　資料3のスーパーマーケットか市役所のどちらかを取材します。取材する施設を選んで，あなたが取材したいことを，その施設が行っている「リサイクルの取り組み」に関連づけて書きましょう。

イ　資料4は，せいそう工場に取材に行ったときにもらったパンフレットに書かれていたものです。資料の数量または割合に注目して，あなたが考える「リサイクルの課題」と，「なぜそのことを課題と考えたか」を具体的に説明しましょう。

資料4　日本のプラスチックの処理・処分の内容（2017年）

		万t	％
リサイクル	国内処理 *1	108	12
	輸出 *2	143	16
	エネルギー回収 *3	524	58
未利用	単純焼却 *4	76	8
	うめ立て	52	6
合　計		903	100

（一般財団法人プラスチック循環利用協会「プラスチックリサイクルの基礎知識」，財務省貿易統計から作成）

*1 国内処理：国内の工場で再資源化の処理をする。
*2 輸出：国外に輸出してリサイクルしてもらう。
*3 エネルギー回収：燃やした熱を利用する。
*4 単純焼却：熱などを利用することなく焼却する。

※

ア

※

イ